ネジメント
イト中に想定される
ている。

飛行前ブリーフィング
飛行計画について事前に打ち合わ
せる。航路上で乱気流が予想され
る場合は、時間帯等を客室乗務員
に伝え、リスクに備える ➡ p41

離陸！

JAPAN AIRLINES

ご搭乗の皆様こんばんは。
これから2時間と45分ほどで
国際日付変更線を通過し…

安心だ…

機長のアナウンス
操縦席からの
コミュニケーションも
とても重要だ ➡ p217

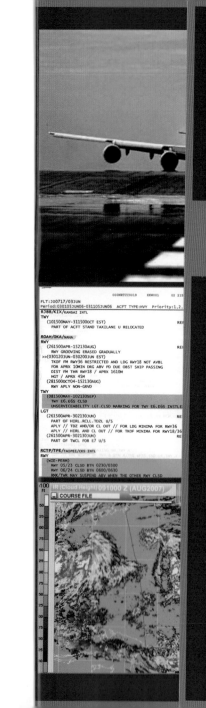

空港に出頭

あらかじめ作成された
乗務スケジュールに従・
いざ空港へ **⮕ p41**

フライトにおける

機長のリスク

乗客の命を預かる機長はフ
数々のリスクに備えて行動し

テイクオフ・ブリーフィンク

機長と副操縦士が離陸に備
て安全に直結するような打
合わせを行う **⮕ p43**

離着陸時に行うチェッ
クリスト。安全に直結
する **⮕ p109**

整備士より機体を引き継ぐ際に細かく詳細に確認する。機体の状態を把握することはもとより、安全性と定時性を守るうえで欠かせない（上）

筆者がラストフライトで乗務したB747-400。ハイテク機の時代に入り機器の信頼性は格段に増してきているが、それでも残念ながら航空機事故は無くなっていない。その多くにヒューマンエラーが関与しているからだ（中）

2010年3月22日、ラストフライトを終え、報道陣の取材を受ける。パイロットになって42年間、無事故でフライトを完遂でき、それを支えてくれた多くの方々に感謝を申し上げている（下）

航空安全とパイロットの危機管理（改訂増補版）

交通研究協会発行
成山堂書店発売

目　　次

コラム

序章　コロナがもたらした問題

1. 改訂増補版によせて

　2016年12月に初版が発行されて以来、航空関係、危機管理に関心を持つ多くの読者の皆様に読んで頂き、安全運航、危機管理の参考になったならば幸甚である。

　今回の改訂増補版では、新しい情報をもとに大幅な改訂をして、章立ても見直した。第7章では、航空の現場で働くすべての方にとって、日常での業務で安全で質の高い仕事を遂行するためのマネジメントのループを採り入れた。

　第9章では、コロナ後の航空界の課題と展望について述べている。また挿入図とコラムも増やし、読みやすさを目指した。

　2019年後半から、航空界は新型コロナウイルス（COVID-19）のパンデミックによって大きな影響を受けた。航空輸送は現代社会にとって不可欠のインフラである。人類はいずれコロナに打ち克つとともに、航空需要も回復することは必至である。新型コロナは社会生活、働き方も大きく変えた。コロナ禍が収束後はコロナ以前と変わるもの、変わらないものとがでてくることが当然予想される。2021年9月末の時点でコロナ後を正確に予想することが難しい。しかし変わらないものとして必ず言えることは、航空界にとって安全運航と今回のコロナ禍の教訓としてウイルス対策などの危機管理の重要性である。

　コロナ禍による新たな航空界の課題、話題となったものの中に、空港での検疫、感染予防としての機内でのマスク、換気とマスク着用に関わる安全阻害行為がある。

2. 空港検疫は安全保障の一翼を担う

　私たちは海外旅行に行くと、相手国の空港で入国審査（Immigration）と検疫（Quarantine）を必ず受ける。日本に帰国したときも同様である。ところで、安全保障というと「軍事」が連想される。「軍事」は、国土や国民の生命に係ることだけに当然である。しかし、安全保障は「軍事」だけの問題ではない。今回の新型コロナなどのウイルスやペスト菌などの病原菌も、国民の生命に関わる。これらも当然、安全保障の重要な項目と捉えるべきである。今回の新型コロナで浮かびあがった問題に、海外から持ち込まれるウイルスによるパンデミックから国民の生命を守るのも重要な安全保障であることを知らされた。

　2019年に中国の武漢で発症が確認されたとする新型コロナウイルスが2020年から世界中に感染拡大した。海外で感染していた人が日本に航空機で入国した際に、空港の検疫で発見されることなく市中に出てしまい、それが日本国内での感染拡大に繋がった。

　ウイルスや細菌類から国民の生命を守ることは、国土を守るのと同じ重要な安全保障の問題である。今回の新型コロナによるパンデミックのエビデンスからしても、空港の検疫は安全保障の重要な一翼を担っているといえる。

　航空輸送は現代社会にとっては、なくてはならない重要な交通インフラである。現在のコロナ禍がいずれ収束に向かうと、低迷していた航空需要が回復し、また多くの人の流れが航空輸送によって復活する。今回のコロナは日本では新型コロナと報道されている。コロナは今回初めて確認されたのではなく、人間に感染するコロナは1960年代にはじめて発見された。その後6種類が確認され、今回のコロナは7種類目で2019年に発症したとされているので、正式

名称として COVID-19 とういう名称がついている。いずれまた、変異したコロナウイルスが世界のどこかで発症することもありうる。

　今回の新型コロナに関しては、多くの国が外国からの入国者に対して指定施設で 14 日間の隔離措置をとっている。それに対して日本は、厚生労働省や検疫事務所によると、14 日間指定施設や自宅などで待機をし、毎日位置情報と健康状態を報告するというルールである。これを徹底するためにアプリのダウンロードを要請している。しかし、実際にはこのルールを守らない人もおり事実上「野放し」に近い状況である。この機会に、国も国民もメディアも検疫は重要な安全保障の一翼を担っていることを認識すべきである。国民の命を守るためには何が大切かを今一度考え、それを実行に移す必要がある。

　ちなみに検疫が安全保障の一環であるという考えはいつ頃からであったのだろうか。なんと、その手本となるのが、600 年以上も前の 14 世紀のベネチア共和国である。日本では室町時代のことである。ベネチア共和国は交易で栄えた国である。洋の東西からベネチアの湾に入ってきた船団は、すぐには船着場に着岸させず、湾内で停泊させて、まず航海中のさまざまなことを質問し確認する。少しでも感染等の疑いのある船は、船を隔離するための専門の島に着岸させる。そして船員も船荷もその島で 40 日間隔離する。今でいう検疫を行って疫病などからベネチア国民の命を守っていた。ちなみに数字の 40 のことをイタリア語で "Quaranta" という。日本語の検疫を表す英語の "Quarantine" は、イタリア語の 40 が語源である。ベネチア共和国は 600 年以上前に国民の命を守るために検疫を実施していた、国外からの病原菌やウイルスから国民の命を守る安全保障としての検疫からきている。

　600 年前のベネチア共和国では、感染の疑いがあるものは 40 日

図 0-1　ベネチア共和国

間隔離阻止をとって国民の命を守った。現在でも多くの国が国民の命を守るために少なくとも 14 日間の隔離措置を取り、国民もそれを容認している。日本もベネチア共和国と同じ島国である。新型コロナは、空港の検疫の重要性を日本国と日本国民に知らしている。

　ウイルスや細菌類は国民の生命の係る問題であり、安全保障の問題である。空港検疫は国民の命を守る安全保障の最前線であることを、コロナ禍を教訓として、空港の検疫を考え、国民も理解する必要がある。一般に危機管理の鉄則は「悲観的に準備して楽観的に対応する」であるが、検疫やセキュリティは「悲観的に準備して非観的に対応する」ことによってのみ、その効果がある。

3. 乗り物では旅客機がコロナウイルスの 感染リスクが最も少ない

　新型コロナの感染リスクを少なくするには「密」を避けることが大切である。公共交通機関を利用すると当然「密」になりやすく感染リスクが高まる。そのなかでも旅客機が新型コロナの感染リスクが最も少ないと言われている。

　その主な科学的根拠には大きく分けて二つある。一つは航空会社の徹底した感染予防対策と機内の空気循環のシステムにある。

(1) 徹底した感染予防対策

①客室乗務員・地上係員ともにマスクを着用

②旅客・空港スタッフの検温によるスクリーニング

③空港内施設や保安検査場、搭乗口等でのソーシャルディスタンシング対策の実施

④機内のテーブル、肘掛け、座席テレビ画面やコントローラー等の座席周り、トイレのドアノブ等、手が触れる部分を定期的に消毒

⑤機内食や飲み物を提供するケータリング手順の簡素化

(2) 機内の空気循環と清潔さを保つシステム

①常に上空の新鮮できれいな空気を機外から取り入れ、2分〜3分程度という短い時間ですべて機外に排出されている

②客室内の空気は、常に天井から床下へ流れて特定の場所に滞留しない

③機内を循環する空気は、HEPA（High-Efficiency Particulate Air Filter）という高性能空気フィルターを通ることにより清潔に保たれている。この高性能なフィルターは病院の手術室や集中

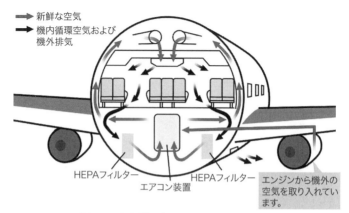

新鮮な空気
機内循環空気および
機外排気

HEPAフィルター　　　HEPAフィルター　　エンジンから機外の
　エアコン装置　　　　　　　　　　空気を取り入れてい
　　　　　　　　　　　　　　　　　ます。

図 0-2　飛行機の空調システムのイメージ図

治療室の他に半導体工場などで使用されている空調設備である。
2003 年に発症した SARS など過去のコロナウルスの感染症に
よるパンデミック対策として有効とされていた

4. マスク着用拒否と旅客機内の安全と
　秩序の問題

　新型コロナによって世界各国では多数の感染者数、死者が出てい
るが、日本では感染予防に関して強制力も罰則もないのにも拘らず、
欧米などの国と比較して、感染者数も死者数も人口比でも少ない。
また、マスクの着用率は最も高い。これは、マスクをする習慣、手
洗いなど清潔好きな日本人の国民性にもよるものと考えられる。

　しかし、コロナ禍のなかの 2020 年 9 月に、マスク着用拒否に関
して、旅客機内の安全と秩序を阻害する理由で、当該旅客の降機、
搭乗拒否の 2 件の事例が発生した。

　各メディアはいろいろと報道していたが、事の本質はマスクでは
なく、航空法で定められている機内の安全と秩序を保つため、航空

法施行規則の「安全阻害行為等」に抵触しているためである。2件の事例を検証してみる

①ピーチ航空が新潟空港に着陸して当該旅客が降機（メディア報道からの経緯）

　2020年9月7日の釧路発関西行きピーチ航空126便（エアバスA320型機）に男性旅客が搭乗。新型コロナ感染症対策で、客室乗務員が当該旅客にマスクの着用を求めたものの、着用を拒否した。座席近くの乗客を別の席に移動させて離陸した。

　出発が約45分遅れたうえに、飛行中付近の乗客からマスクをしないことをとがめられ、当該旅客は激高して大声を出すなどして、客室乗務員や他の乗客に対して威圧的な行動が続いたために、機長が航空法の安全阻害行為に該当すると判断。新潟空港に緊急着陸し、男性に降りるよう命令書を交付した。男性は降機命令に応じ降機した。警察へ引き渡した後、ピーチ機は関西空港に向けて出発。約2時間15分遅れで到着し、乗客120人に影響が出た。

　（筆者注：機長は機内の安全・秩序を保つ責任があり、それを阻害する行為があれば当該者を降機させることができるという航空法に則った当然の判断だったと、テレビの報道番組でコメントした）

②北海道エアシステムでの搭乗拒否（この件もメディア報道からの経緯）

　2020年9月12日、奥尻島の奥尻空港で、離陸を前にしていた函館行きの北海道エアシステムが運航するJAL2890便（サーブ340B型、36席）に搭乗後、客室乗務員から男性旅客に対してマスク着用を求めたが、男性旅客はこれを拒否した。乗務員らが10分間ほどその理由を尋ねた。しかし、男性客は、「答えたくない」

などと主張した。機内には当時、男性のほかに20人の客が乗っていた。

　機長は、男性が客室乗務員の質問に答えなかったことから、安全な運航に支障をきたす恐れがあると判断。航空法に基づき、飛行機を降りるよう指示した。男性客は「命令書」を渡されて機内から降りた。定刻より約30分遅れて出発した。

　その後のメディア報道によると、当該男性旅客の説明では、以前、マスクを着けた際にじんましんが出るなど体調不良になったことがあり、今回もマスクを着けなかったという。

　マスクを着けない理由を答えなかったことについては、「他の乗客がいる場所で自分の持病のことについて話したくなかった」と言っている。

　この事例についてもいろいろと報道されているが、筆者はメディアの取材に対して「この飛行機の座席は36人で、当日は空席も多くあり、マスクをしない理由を言えば、他の旅客から離れた席を調整することもできた。また、この飛行機には客室乗務員は一人しか乗務しておらず、数日前のピーチ航空で起きたようなことが発生した場合は、客室乗務員は一人では対応できず機内の安全と秩序が維持できないと予想して、機長としては予防的な判断と措置をとったものと考えられる」とコメントした。

　この2件はいずれも、マスク着用の問題ではなく、機内における安全と秩序を保つことが問題である。

・航空会社等のホームページで確認

　最近はほとんどの航空会社では紙の時刻表は廃止しており、ホームページで確認することになっている。そのホームページには、マスク着用が困難な場合について、定期航空協会とその航空会社と共

同で次のような主旨のことを通
知している。

①マスクの着用が難しい場合に
　は、フェイスシールド・マウ
　スシールドなどの着用も可と
　する

②マスクなどの着用が難しい場
　合は、地上係員や客室乗務員
　へ申し出る。その際に健康上
　の理由及び健康状態を確認す
　ることがある

③スタッフが事情を尋ねても意
　図的な無視・沈黙し、適切な

図 0-3　安全阻害行為等禁止項目
（国土交通省　定期航空協会　警察庁）

対応を取ることができない場合、スタッフに対する暴力・暴言が
あった場合、ほかの乗客に不快感を与え、または迷惑を及ぼすお
それのある場合、係員の業務の遂行を妨げ、またはその指示に従
わないと判断できる場合は、ご搭乗を断る場合がある

第1章　航空界における
「安全」について考える

1.1　航空界における安全への取り組みの歴史

　「大空を飛びたい」という有史以来の人類の夢を、1903 年にライト兄弟が実現して以来、航空の歴史は事故との闘いでもあった。

　事故との闘い、安全確保への取り組みの歴史の流れをみると、ライト兄弟の初飛行から第二次世界大戦までは、まず機材の改良・進歩があった。次に無秩序な飛行による事故を防止するために、規則を作り、それに従って飛ぶことにより、安全を確保して事故率を減らす努力をしてきた。これを航空界では"Regulatory Safety"ともいう。

　第二次世界大戦後の航空機のジェット化や関連機材の進歩、さらに航空交通管制システムの整備、航空機整備の充実、パイロットや整備士などの航空従事者の教育訓練と審査の充実等により事故率も

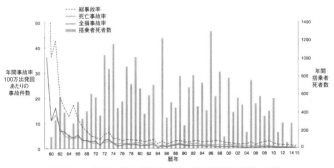

図 1-1　世界の航空事故発生率（BOEING 資料より）

減少してきた。しかし、1970年代後半から1980年にかけて事故率は横ばいとなった。

　航空の事故率が、そのままの状態で推移した場合、航空機の数や飛行の回数が増加するにつれて、事故の件数も増大していくことが懸念されるようになった。

　そうした危機感から、NASA（アメリカ航空宇宙局）をはじめとした研究機関等による分析の結果、事故原因は機材の不具合や規程類の不備より、運航乗務員が関与している人的要素が60〜80%に達していることが判明した。その結果、事故率を減らすためには、ヒューマンファクター（人的要因）の視点からの事故の防止対策が、重要であるということが認識されるようになった。そして、運航乗務員に対するCRM（Cockpit Resource Management）というリソースマネジメントの教育・訓練が導入されることとなった。CRMはその後「Crew Resource Management」と名称が変更され、運航乗務員のみならず、客室乗務員、整備士、運航管理者、管制官にも導入されるようになった。

　CRMは常に進化を続けている。人間が人間である以上、ヒューマンエラーは少なくすることはできても「ゼロ」にはできないという現実に立って、ヒューマンエラーを引き起こす要因（Threat：スレット）に対するマネジメントを実施してエラーを少なくすることを目指す。また、たとえエラーが発生しても事故やインシデント（事故や危機的状況に繋がりかねない事案）に結びつかないようにするThreat and Error Managementが現在のCRMの主流となっている。

　航空は国内のみならず、国の枠を超えて活動する業界である。従って安全への取り組みも各国が共通の基準が望ましい。しかし、当初はその運用方式や活用、取り組みの制度などにおいて標準化さ

れていない面も多かった。これらの対策が効果的に作用し、事故率を減らすことに寄与するためには、それぞれの対策の改善、進化と同時に各国における標準化、法制化の必要性が認識された。そして、ICAO（International Civil Aviation Organization：国際民間航空機関）が中心となって、世界各国の標準化と国内法への法制化が進んでいる。

1.2　ICAO と我が国の最近の取り組み

(1) 国家安全プログラム（SSP）の義務化

　近年、世界的にみて民間航空分野における死亡事故発生率は、下げ止まり傾向にある。しかし今後、航空機数、飛行数の増加に伴い、航空事故等の発生件数は増加するという推計に基づき、今以上の安全性の強化を図るため、ICAO は、2010 年に締約国に対して、業務提供者（プロバイダー・航空会社）を規制・監督するための新たな仕組みである、SSP（State Safety Program：国家安全プログラム）の策定を国際標準として義務付けた。

　これを受けて、我が国の国土交通省航空局は、民間航空を監督する者として、民間航空の安全のために、自らが講ずべき対策等を網羅的に規定する規程として、2013 年に「航空安全プログラム」を策定し、2014 年 4 月 1 日から施行した。そして、毎年 1 回、民間航空の安全の状況等を踏まえ、見直しを行っている。

　さらに、ICAO は 2013 年に「航空安全プログラム」を開始した締約国に対して、当該国の航空活動の安全レベル・安全監督能力等に関する情報をオンラインで提供させることにより、継続的に評価・監督を行っていく ICAO による継続的監視（Continuous Monitoring Approach）を実施することになった。

(2) 航空安全プログラム（SSP）の実際

　SSP を実効あるものとしていくために、国（航空局）は、SSP の安全方針の中で「業務提供者における安全管理システム（SMS：Safety Management System）の強化」を挙げている。

　また、国の安全目標値を定期的に（毎年度 1 回）設定し、目標を達成するための具体的な施策を、航空運送・交通管制・空港の各分野において、整合性を持って統一的に実施する。そして、期間終了時には、目標の達成状況を確認・評価することにしている。国の安全目標値は、過去の実績、国が定める他の計画、実現可能性等を考慮した上で設定している。

　一方、事業者の多くは「航空事故・重大インシデント発生件数ゼロ」を安全指標としており、航空事故・重大インシデントを発生させない取り組みとして、特に「ヒューマンエラーの発生件数（または発生率）」の低減策等を設定している。

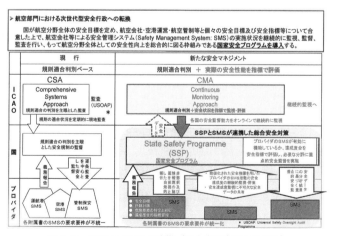

図 1-2　SSP と SMS の連携（国土交通省の HP より）

(3) 安全管理システム（SMS）の義務化

　ICAO は 2001 年に締約国の航空機運航、空港管理、航空管制等の業務提供者（プロバイダー・航空会社）に対して、従前の規則遵守のための安全対策に加え、自主的・組織的・継続的に取り組んでいく「安全管理システム（SMS）」（安全に関する PDCA サイクル）の導入を義務付けた。これを受けて、我が国も 2006 年 10 月に航空法が改正され、全社的な安全管理体制の構築が義務付けられることとなった。

　プロバイダー（航空会社）には SMS を構築する義務がある。安全に対する方針及び目標を明確にして目標達成のための管理計画を立案・実施し、その状況を監視し、必要な措置を講じていくという系統だった包括的な管理手法である。そして国はプロバイダーの SMS を認定し監督する義務がある。

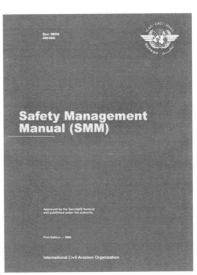

図 1-3　ICAO の SMS マニュアル

(4) 航空の安全は世界標準を目指す

　ICAO は各国の航空安全プログラムを監視し、国はプロバイダー（航空会社）の安全管理を承認・監督することにより、航空の安全をできるだけ世界的に標準化を目指している。これは他の業界では見られない取り組みである。

　航空輸送がグローバル化して、人・モノ・情報・文化が国境を越えて日常的に行き来し、融合化している現状からすると、安全の基準も世界標準化が求められるのは必然であるといえる。

(5) 安全基準が同じでもなぜ事故件数等に差が生じるのか

　今まで見てきたように、航空の分野での安全対策は、各国ともほぼ同じ基準・規制で実施していることが分かる。しかし、事故件数、事故率は各国まちまちである。このことは、基準や規制は同じであっても、国としての事業者（航空会社）に対する指導、監査等の度合い、事業者自身の安全に対する取り組み姿勢など、運用面の違いによって生じる差であると考えられる。

　この運用面に影響を与えるのが「安全文化」である（安全文化については第3章を参照）。

　我が国では、1985年8月12日にJAL123便の御巣鷹山事故で520名の尊い命が亡くなって以来、2021年9月末の時点で、36年間乗客の死亡事故ゼロが続いている。これは世界の航空界からみても特筆すべきことである。

　この背景には「二度とこのような悲惨な事故を起こしてはならない」という、国と航空会社双方の必死な取り組みと、地道な安全文化の構築が功を奏しているものと考えられる。

　具体的には、旧運輸省、国土交通省の航空会社への指導及び規制、監査は世界的にみても最も厳しいものであり、また航空会社については、ここまでやるのかというくらいに、きめ細かい種々の安全対策や、乗員をはじめとした航空従事者の教育訓練を実施して来た成果の表れともいえる。

　筆者も国の交通政策審議官の航空部門の各委員会、航空局の委員会の委員として委員会に出席して常に感じていることである。それ

は航空の安全確保のための国としての施策や対策と各航空会社や事業者、自家用機操縦者への指導・監視のきめ細かさに改めて気付かされている。

(6) 安全への取り組み状況の監視

　今後の課題としては、コロナ禍後の航空界を取り巻く変化への対応をはじめ、コロナ禍以前から取り組んできた課題である競走の激化によるコスト削減、格安航空会社（LCC）の台頭、規制緩和のなかで、「安全を最優先する」という「安全文化」が単なるかけ声だけに終わらずに、着実に浸透させていくことが肝心である。

　これに歯止めをかけるのは、国や航空会社の取り組みの他、国民、利用者、そしてメディアも含めて、コストや効率性を追求するだけでなく、安全を許容範囲に維持するための根っこの部分、土壌ともいえる「安全文化」についても監視していく必要がある。

　しかし、「安全文化」というものは、国民や利用者には見えにくい。そこで監視役として期待できるのが、メディアである。ただ、メディアは事の重大性よりも、話題性、特殊性を取り上げやすい傾向がある。視聴率、販売部数というものがメディアの盛衰に直結するという現実からすれば、やむを得ない面も理解できる。とはいえ、たとえ小さな扱いであってもよいから、安全に関して本質をついた、メディアの眼と報道にも期待したい。

(7) SMS のマネジメント

　SMS は航空会社の全分野において、事故の要因となるリスクを事前に認識し、そのリスクを適切に管理することによって、事故の発生を予防するものである。経営トップから現場に至るまで安全に関わる方針や安全情報を共有し、組織的に取り組むべき活動である。

　SMS は航空会社の「安全文化」とも連携した総合安全対策である。安全文化とは、安全問題がすべてに優先度を持ち、その重要性に応じた注意が払われることを定着させる組織と個人の特性と姿勢の集合であって、組織・個人の行動の習慣、風土を形成するものである。

　「安全文化」の要素の一つに「報告の文化」がある。「報告の文化」は SMS を推進していくうえで、重要な役割を担っている。報告には国や会社が定めた「義務報告」と、一般に「ヒヤリ・ハット報告」と言われている「自発的報告」とがある。

　この自発的報告制度の活用は、ヒューマンエラー対策、事故やインシデントの未然防止にとっても有効な施策であり、国はこの自発的報告制度を航空安全にとって重要な施策として、2014 年に「VOICES（Voluntary Information Contributory to Enhancement of the Safety：航空安全情報自発報告制度）」を設立した（安全文化と自発的報告制度に関しては、第 3 章で詳しく触れたい）。

(8) SMS もマネジメントサイクルで

　SMS もマネジメントの一種である以上、マネジメントサイクルを継続的に回すことが、その成果を上げるためにも大切である。

　マネジメントサイクルとは、Plan（計画)-Do（実行)-Check（監視、評価)-Action（見直し）の PDCA サイクルである。しかし、とかく計画倒れ、やりっぱなしになりがちである。計画したら確実に実行し、それを監視、評価して、必要ならば見直すことも辞さないという柔軟さが、PDCA のマネジメントサイクルを実効性のあるものに繋がる。

　ICAO が提唱するマネジメントサイクルを参考にすると次のようなものである。

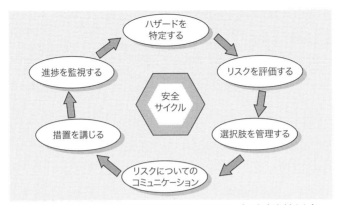

図 1-4　ICAO の SMS のマネジメントサイクル（国交省資料より）

ハザードの特定 ⇒ ハザードによるリスクの評価 ⇒ リスク評価を受けて選択肢を管理する（重要度の選択）⇒ リスクについてのコミュニケーション ⇒ 対策・措置実施 ⇒ 進捗を監視する（モニター）（必要に応じて見直し：筆者が加筆）⇒（ハザードの特定に戻る）

(9) リスクマネジメントの PDCA サイクルを回す

　ICAO が提唱する SMS には、リスクマネジメントの考えが応用されている。安全管理を成果あるものにするには、このリスクマネジメントを実施することが前提となる。

　リスクマネジメントは、①未然防止、②被害局限対応、③回復、④再発防止の一連のマネジメントサイクルである。

　実際の運航に関わるリスクマネジメントのマネジメントサイクルの代表的な具体例として、乱気流による乗客・乗員の怪我というリスクに対するリスクマネジメントを挙げると次のようになる。

①未然防止

　飛行計画・ブリーフィングの段階での気象情報の収集と乱気流へ

の対策を検討し、飛行経路、巡航高度等を計画する。

②被害局限対応

　飛行中に乱気流に遭遇した際には、座席ベルト着用サインを点灯し、アナウンスを実施して全員が着席し、ベルトを着用して怪我を防止する。

③回復

　乱気流が発生している積乱雲、晴天乱気流の空域から離脱する。

④再発防止

　管制官、他の航空機、会社の運航管理に状況を報告して注意喚起する。フライト終了後のデブリーフィングにおいて、そのフライトでの対応について分析し、次に活かす。

1.3　「安全」を具体的にどう捉えるか

（1）安全は水や空気や電気と同じように当たり前？

　飛行機を利用する人たちにとって、航空会社に対する一般的な評価の対象は、サービス、料金体系、利便性などがあり、利用者それぞれの価値観が多様化している。しかし、多様な価値観を持った利用者であっても、意識「する」と「しない」とに関わらず、自分が乗る飛行機が、安全であるという前提のうえでの評価である。つまり、飛行機の利用者にとって安全は水や空気や電気などと同様に、当たり前のことである。この「当たり前」のことやものはそれを損なったり失って、はじめてその大切さや有難さに気づくものである。当たり前のことほど、実はスゴイことなのである。

（2）当たり前ではない「安全」とはいったいどんなこと

　私たちが日常気軽に使っている「安全」という言葉の意味を調べてみることにする。広辞苑には、「安全とは、①安らかで危険がな

いこと、②物事が損傷したり、危害を受けたりするおそれがないこと」となっている。「安全」とは危険がないこと、物が損傷することや危害を受けるおそれがない状態を表している。「〜がないこと」という打ち消しの表現であることを気づかされる。

　そして、危険なことや、物が壊れること、危害を受ける危険性、リスクは存在するが、安全というものははじめから存在するものではなく、さまざまな努力をした結果を指すに過ぎないということが、言葉の意味を調べてみると理解できる。これは安全を考えるうえで、また実際に現場で安全を確保するうえでも、ぜひとも把握しておくべき概念である。

(3) ICAOの安全の定義は

　航空界で働く者にとっては、ICAOの安全の定義を知っておく必要がある。ICAOは「安全とは、危険要因の特定およびリスクの管理を継続して行うことによって、人への危害あるいは財産への損害のリスクが、受容可能なレベルまで低減され、かつ受容レベル以下に維持されている状態」と定義している。

　ICAOが提示している安全の定義をかみ砕いて考え把握してみると、以下のように捉えることができるのではないだろうか。

　安全というものは、どこにもない。危険はどこにも存在し、あるいは潜在している。危険とは人体への危害や物を損害させる要因であって、一般にハザード（危険要因）といい、ハザードが実際に発生する可能性をリスクともいう。

　我々の生活活動の周囲には、至るところにハザードやリスクが存在し潜在している。危険要因やリスクを洗い出して特定する。洗い出し、特定した危険要因、リスクを排除できるものは排除し、排除できないものは、可能な限りその影響を軽減している状態を維持する。

　たとえ、リスクが実際に発生しても大事に至らず、許容できる範囲内に収める対応を継続的に維持している状態を、安全であるといえるのではないか。現実の社会にあっては、「絶対安全」も「安全神話」も存在しない。また現場の人間が「絶対安全」という言葉を使ったとたんに、現実的な安全管理が空しいものとなってしまう。

　ICAO も国も "Safety Management (安全管理)" という言葉を使っているが、この言葉自体、実は非現実な響きさえするのである。現実には Safety は存在するものではなく、ハザードやリスクをマネジメントした結果の状況・状態を表すに過ぎないのである。

　筆者は安全というものは管理（Manage）できるものではないことに気付いた。安全管理という言葉は美しい言葉であり、多くの人には分かり易い。そのため一般に安全管理という言葉を使っている。日本でも公式に安全管理という言葉を使い、国際機関でも Safety Management とう言葉を使用されているものと理解している。

　運航の現場に携わる者としては、存在し、潜在する危険要因やリスクを管理（マネジメント）するのだ、という考え方で業務に取り組むことが、より具体的に安全を確保できるのではなかろうか。

　筆者は、航空会社で運航安全推進部を担当していた当時は、社内の文書、会議等で "Safety Management (安全管理)" という言葉より、可能な限りリスクマネジメントという言葉を使うようにしてきた。そして、所属のスタッフたちにも、リスクマネジメントの考え方を浸透させることに努めてきた。

　航空の現場に従事する者としては、常に危機意識を持ってリスクと対峙しながら「いかなることがあっても、安全のレベルを許容範囲に維持するのだ」という気構えで仕事に臨むことが大切である。「絶対安全」、「安全優先」と口で叫ぶだけで、安全が確保できるほど、生易しいものではない。

1.4　航空の現場で働く者として安全とどう向き合うか

　航空会社の運航の基本方針は「安全を最優先し、定時性、快適性、効率性も考慮する」というのが一般的である。

(1) 安全を最優先

　どの航空会社のホームページをみても「安全を最優先する」ということが掲げられている。当然といえば当然である。利用者にとって安全というのは、当然で当たり前のはずである。当たり前でなかったとしたら、その航空会社の飛行機には乗ることはない。

　航空会社に求められるのは、利用者にとって当たり前の安全をベースに、定時性、快適性、効率性をどのように追求していくかは、その航空会社の経営方針、組織風土、安全文化による。

(2) 定時性

　定期航空会社も公共交通機関である以上、定時性を求められるのは当然である。特にビジネス客の多い路線や、乗り継ぎ便に接続する乗客が多い路線は、定時性の要求度が高い。

　単に運航に関わる部門だけでなく、航空会社のすべての部門の組織間のチームワークと、担当者一人ひとりのプロ意識が結集されない限り定時性を保つことは難しい。

　日本の大手二社の JAL（日本航空）と ANA（全日本空輸）はここ数年、定時到着率において世界のトップクラスを堅持している。これは日本人の勤勉さ、完璧主義の良い面が作用していることが、その輝かしい実績の要因の一つと考えられる。特に連続一位を果たしている JAL に関しては、経営破綻という惨めさを味わった社員

表1-1 Flight Stats 社の 2015 年のランキングの表

			Flights	Seats (millions)	Tracked	Comp. Factor	On-time Departure	On-time Arrival	Avg. Dep Delay	Avg. Arrival Delay
1	JL	JAL	270,685	50.35	99.30%	99.00%	92.86%	89.44%	37.0	34.3
2	IB	Iberia	187,538	26.45	92.41%	99.52%	86.74%	88.97%	36.6	41.3
3	NH	ANA	374,606	62.38	98.24%	99.22%	90.40%	88.88%	44.3	33.8
4	KL	KLM	227,736	36.77	95.86%	99.19%	83.00%	87.88%	45.3	51.1
5	OS	Austrian	115,629	14.34	99.58%	98.66%	86.59%	87.68%	36.3	37.6
6	SK	SAS	298,823	40.04	86.35%	98.61%	85.89%	87.42%	37.4	38.0
7	JJ	TAM Linhas Aere..	261,811	46.20	92.85%	99.46%	76.89%	85.98%	35.2	40.6
8	QF	Qantas	268,805	39.05	99.43%	98.25%	86.10%	85.49%	43.5	43.7
9	LH	Lufthansa	504,649	81.08	98.00%	97.75%	82.30%	84.42%	33.4	35.6
10	AV	AVIANCA	266,333	34.59	98.60%	99.10%	85.32%	84.34%	50.9	50.8

新型コロナの影響によるフライト数の減少を受けて、2020 年 3 月以降は英国の航空データ分析大手シリウムは、定時到着率レポートを休止していたが 2021 年 5 月から再開した。

それによると、アジア太平洋地域の主要航空会社で定時到着率トップは JAL（95.19%）。で 2 位は ANA（94.60%）であった。

たちが、悔しさをバネに必死に頑張っている姿を、空港各所で目にすることができる。

定時性を追求するあまり、確認作業が抜けてしまったりして、安全性を低下させるようなことがあってはならない、ということはいうまでもないことである。現場の人間は、安全を無視してまでも、定時性を優先させようと思う人など一人もいない。しかし、つい定時性を確保するということに意識が強くなり過ぎた場合に、安全への注意配分が希薄になることは、誰にもありうる。定時出発に向けて急いでいる時こそ、2、3秒でいいから、ちょっと「間」をとって「何が一番大切か？」を考えてみることが重要である。

(3) 快適性

「快適」は利用者の人それぞれの価値観、感覚、気分等によることが多い。つまり人によって快適性は異なる。特に最近は価値観、ニーズが多様になり、一律に快適性を評価することが難しくなってきた。たとえば、機内では客室乗務員による手厚いサービスが快適

と感じる人もいる一方で、サービスは一切要らないから、静かに寝かせて欲しい、という人もいる。このように、まったく正反対の対応を求められるケースがある。

　航空機を利用する人々にとって、快適性に影響を与える要素には次のようなものがある。予約方法の容易さ、空港でのカウンターの対応、セキュリティチェック、出発のアナウンス、客室乗務員の対応、機内食、機内のエンターテインメント類、飛行中の乱気流による揺れ、機長の機内アナウンス、前後座席の間隔、機内のトイレ、到着地での預けた荷物の受け取り時間等々、多種多様である。

　利用者の価値観の他に、航空会社の風土、航空会社の社員一人ひとりの利用者への対応なども大きく影響する。

　航空料金によっても当然サービスの程度が変わってくることを、利用者側も承知して利用することにより、満足度、快適性も変わってくるはずである。つまり快適性と満足度は航空会社側と利用者の双方のあり方によって影響を受けるものである。

図1-5　機内サービスの様子

(4) 効率性（経済性）

　新規航空会社の台頭、LCC の設立等で世界的に航空会社も厳しい競争にさらされている。激化する競争下で利益を出すためには、コストを下げること、効率性を追求することが経営の重要な課題となってきた。

　効率性の追求と安全性の追求とは、相反するテーマである。効率と安全に直接関係する主な要素としては、パイロットや整備士などの航空従事者の教育訓練経費、整備費、搭載燃料の量、使用機材の空港での滞在時間などがある。

　これらの要素のコストを下げていけば、当然安全性にも影響が出てくる。特に格安航空会社は、航空運賃を安くするためには、効率を上げてコストを削減する必要がある。しかし、いかに競争が激しいからといって、際限なくコストを下げるわけにはいかない。そこでこのときになって「安全」に対する考えが要となってくる。コスト削減、効率化は「許容範囲内に維持できる」ところまでとなる。この「許容範囲」は航空会社の経営判断、組織風土、安全文化によるところが大きい。

　このように説明すると「安全確保の許容範囲」はそんなに曖昧なものかという心配が出てくる。そこには国としての基準、規制、監査・監視があり、最低限の歯止めはかかっているはずである。

　海外の航空会社の事故やインシデントがある度に、テレビや新聞でコメントを求められる。「LCCだから危ないのか」という質問を受けることがよくある。「安全の基準はLCCも大手航空会社も同じです。個々の事故原因を究明しない限り、LCCだからといって危ないとはいえない。特に日本のLCCは安全に関しては現時点では、大手二社と比較しても遜色はないはずです」とコメントをしている。

　しかし、今後さらに競争が激化していく傾向の中で、安全性と効率性とのバランスは注意して監視していく必要がある。また、利用者もモノの値段・料金にはリーズナブルな線があるはずである、ということも頭に入れて、利用することが求められる。こうした利用者の姿勢も、航空の安全の遠因にもなるのである。

　航空の安全は、国、航空会社、利用者、メディアのみんなで確保

していくものである。

北極の極上通過フライト

　アラスカのアンカレッジとハンブルグ、コペンハーゲン間等のフライトでは、北極の極上を通過することがある。この場合は、どの方向から北極に向かって飛行しても、真方位のコンパスは真北を指している。真の北極の極上を通過する瞬間時には、コンパスが数秒間迷い、コンパス不作動のフラッグが出て、オートパイロットは Heading Hold Mode（それまでの針路を維持）になる。その後、コンパスはどの方向に向かっても180度回転して、真南を指す。しかし、飛行機自体はまったく旋回せず、水平飛行を続ける。極上通過のフライトは、このような不思議なことを経験する。

飛行機の機内にショットガンとノコギリを搭載していた！

　日本航空の北極回りヨーロッパ路線では、機内にショットガンとノコギリを搭載していた時代があった。目的は、北極で不時着した場合の備えであった。ショットガンは白熊に襲われた際に人命を守るため。ノコギリは、寒さから守るために、氷をノコギリで切って氷室を作り、その中で寒さを凌ぐためである。北極に不時着した場合のサバイバルキットの一部として搭載していた。一年に一回は必ず受ける緊急非難訓練で、運航乗務員はショットガンの組立方とノコギリの使い方をレビューした。

　機内に銃やノコギリなど凶器になるものを搭載することなど、今では到底考えられないが、まだハイジャックなどはほとんどない、のどかな時代ならではのことであった。

第2章　安全を支える四本の柱と安全文化

2.1　安全を支えるものは

　家という建物がしっかりと立っているのは、柱があるからである。しかし、柱がいかに頑丈であっても、柱が立つ土壌が不安定なら、家も安定しない。

　同様に、安全も次の四本の柱によって支えられている。そしてこの四本の柱は、それぞれを補いあって安全を支えている。四本の柱は以下のものである。

①施設・機材・機器類等（ハードウェア）

②法律・規定類・制度・教育・訓練等（ソフトウェア）

③人間の考え方・取り組み姿勢・行動等（ヒューマンリソース）

④情報の共有・活用等（ソーシャル・リソース）

　安全を支える土壌が安全文化である。

　安全というものは、これだけしっかりやっておけば大丈夫という生易しいものではない。家と同様に、安全もそれを支える柱が必要であり、柱が立つためのしっかりとした地盤がなくてはならない。

　家を建てるには、まず地盤作りから始め、農作物を栽培するには土壌作りから始めるのと同じように、安全もまず地盤、土壌の構築によってよりしっかりとした安全確保の体質が出来ていくのである。安全を支える地盤、土壌が「安全文化」である。

2.2　安全文化とは

　「安全文化」という言葉は、1986年に起こったチェルノブイリ

図2-1　四本の柱と土壌としての安全文化

原子力発電所の事故原因の調査と、分析の結果から公式に使用されるようになった。

　その後、世界各地で大きな事故があるたびに「安全文化の欠如」が指摘され、「安全文化の構築の必要性」が勧告されている。

　筆者は原子力安全推進協会の委嘱を受けて、原子力発電所運転責任者の講習の講師、電力会社の原子力安全に関するセーフティーボードの委員にもなっている関係で、チェルノブイリ原発事故調査から「安全文化」という言葉が生まれた検討内容を調べてみた。航空界にとっても、「安全文化」の本質を理解するために参考になると思われるので、その検討内容をここで紹介しておくことにする。

　チェルノブイリ原発事故調査により、IAEA の INSAG（International Nuclear Safety Advisory Group：国際原子力安全諮問委員会）は「事故の根本的な原因として、現場の作業者も、事業者も、国レベルでも、原子力の安全に対する考え方や意識そのものに問題があり、それは「文化」と呼べる深さや広さをもち、個人や組織あるいは社会の意識や行動を左右しているのではないか」と指摘している。

　1992 年に INSAG は報告書をまとめ、その中で「安全文化とは、『原子力施設の安全性の問題が、すべてに優先するものとして、その重要性にふさわしい注意が払われること』が実現されている組織・個人における姿勢・特性（在りよう）を集約したもの」と定義している。

　この INSAG による安全文化の定義を要約して、一般に「安全文化とは、組織と個人が安全を最優先する風土や気風のこと」と扱われて今日に至っている。

　「安全文化」に関して、筆者が直接経験したもう一つのより具体的な事例を紹介したい。

　2003 年 2 月、アメリカの宇宙船スペースシャトル「コロンビア号」が大気圏に再突入する際、テキサス州とルイジアナ州の上空で空中分解して、7 名の宇宙飛行士が犠牲になった事故があった。この事故を受けて、日本の NASDA（旧宇宙開発事業団）は日本人搭乗員安全検討チームを発足させて、NASA による事故原因、再発防止対策、実行計画、及び対策の実施状況等の情報を収集して、それを分析し、スペースシャトルの安全性を検討し、その結果の報告書を作成した。

　当時筆者は、航空会社の運航安全推進部長であり、宇宙開発に関してはまったくの素人であったが、委員の一人として参加した。主に危機管理、リスクマネジメントの視点からと NASA の安全文化について意見を述べた。

　1986 年 1 月に起こったスペースシャトル「チャレンジャー号」の事故も、「コロンビア号」の事故も、打ち上げ前の NASA の安全文化の脆弱性は、素人の筆者でも感じることができた。事故の要因というより、その背景、土壌として安全文化の欠如があったことは事故報告書を読めば容易に理解できた。それは、スペースシャトル

計画の予算の削減と、計画の実行を遅らせてはならないということに重点がシフトしており、安全を最優先とする「安全文化」がやや甘くなっていることが、原因の一つであることが読み取れた。コストと安全の兼ね合い、重要度の選択が安全確保にとっての鍵を握る、ということは、宇宙開発の分野でも、航空の分野でも同じであるという確信を得た。

しかし、NASAのすごいところは、事故後の対応である。日本だったら一度こうした大事故が発生し、犠牲者が出ると、「そんなことはあってはならない、危険な計画はもうやめるべきだ」という風潮になってしまう可能性が高い。

しかしNASAから逐次送られてくる資料は、自分たちの組織の欠点をここまでさらけ出すのか、と思うほどの透明性のある報告書であることに驚いた。そして、スペースシャトルの再開に向けての対策として、NASAから送られてきたComplementation Plan（実行計画）をみると、事故原因に関連する各項目について、どの組織が、いつまで実施するかが具体的に示されていた。抽象的な対策ではなく、具体的に誰が責任をもって、いつまでに実施するかという実行計画である。日本ではそれまでほとんど目にしたことのない調査報告書と、当事者の事故後の前を向いての取り組みに感心させられ、勉強させられた。リスクを乗り越えて、前に進んで行こうとするアメリカのフロンティア精神のすごさを思い知らされた。「あってはならない」という日本の感情論が優先するメンタルな風土と、「有り得る」を前提とした実行計画で、挑戦し続けるアメリカとの差を見せつけられた。

そして、「安全文化」というものも一度構築すれば、盤石となるというものではなく、常に揺れ動いてしまう生き物である。どの事業であれ「何が一番大切か、何を最優先すべきか」ということを軸

足にして活動していくことが、安全を確保するうえで最も基本的な
ことであることも知らされた。

2.3　安全文化の主な要素

安全文化の主な要素には次のようなものがある

①報告の文化

②謙虚の文化

③自律の文化

④学習の文化

⑤柔軟の文化

⑥「間」の文化

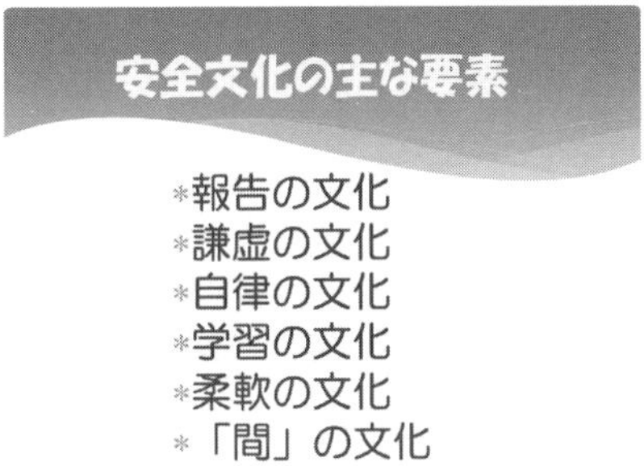

安全文化の主な要素

* 報告の文化
* 謙虚の文化
* 自律の文化
* 学習の文化
* 柔軟の文化
* 「間」の文化

図2-2　安全文化の主な要素

2.4　報告の文化

(1) 義務報告と自発的報告

安全を支える土壌、岩盤としての安全文化を構築する要素はいく
つかある。その中でも具体的に取り組みやすいものとして「報告の
文化」がある。

報告には国や企業の基準によって報告をすることが義務付けられ
ている義務報告と、報告する個人または組織が自主的に報告をする
自発的報告の二つがある。

義務報告は、起こった事象を正確に把握して、その原因を究明し
て再発防止に役立てるという効用がある。だたし、義務報告の事例
というものは頻繁に発生するものではない。しかも起こった事実は
把握できても、それに関わった当事者、あるいは関係者の心理的な
ことや背景までは把握することは困難である。

　自発的報告は、あくまで個人がヒヤリとした、ハッとした事例で、事故やインシデントになったわけではない。しかし、これを報告することによって未然防止に貢献するという安全に対する積極的かつ自発的な自主行為によってなされるものである。これは一般に「ヒヤリ・ハット報告」と言われているものである。

　ヒヤリ・ハットは幸い事故やインシデントには至らないものの、誰でも経験するものである。また、報告の内容も客観的な事実を報告するだけでなく、心理的な主観も述べられることが多い。義務報告では把握できない情報やハザードを収集でき、それを分析し、共有することにより、再発防止よりも、むしろ事故・インシデントの未然防止に貢献することが期待できる。そのためには、できるだけ多くの自発的報告がされることが望まれる。

COLUMN ❸

大韓航空機撃墜事件後の航法

　1983年9月1日、大韓航空007便のB747はアンカレッジからソウルに向かって飛行中、正規の飛行ルートから大幅に外れてソ連領内に入ってしまい、ソ連の戦闘機に撃墜されて乗客・乗員269名全員が死亡した。

　この事件後、JALもアンカレッジと成田間のフライトでは、絶対にソ連領内に入らないように細心の注意を払った。出発前、飛行中のINS（慣性航法システム）の入力、確認の徹底はもちろん、会社が作成した飛行コースとアリューシャン列島の島々の地図を組み合せたチャートを持参して、元来、主に雲を捉える目的の機上の気象レーダーをMapping Mode（地上の地形を捉えるモード）にして、コースと島との相対位置を一つひと

> つ確認しながら、絶対にソ連領内に近づかないように、神経を
> ピリピリさせながらフライトした。

（2）自発的報告の有効性

　自発的報告制度の安全に対する有効性には次のようなことが考え
られる。

①安全文化の構築に寄与する

②共有することにより現場及び組織全体のリスク感性を高める

③義務報告では把握しにくいハザード情報を収集できる

④リスクアセスメントの分析材料に活かすことができる

⑤ヒューマンエラーに起因する事故を軽減できる

⑥事故・インシデントの未然防止に貢献する

（3）自発的報告制度を活性化させるための具備要件

　義務報告と異なり、自発的報告は事故・インシデントに至ったわ
けでもない事象で、あくまで自主的な報告であるために、報告しや
すい要件があってはじめて、積極的な報告が期待できる。その具備
要件には次のようなものがある。

①秘匿性

②公平性

③簡易性

④貢献性

⑤フィードバック

⑥情宣活動

（4）自発的報告制度に関する ICAO と日本の取り組み

　自発的報告が事故・インシデントの未然防止に貢献し、Proactive な安全対策として有効であることが ICAO において認識され、締結国に対して、義務報告制度では捕捉しにくい安全情報を収集・分析し、関係者と共有するため、自発的な報告制度を確立することを提唱している。

　日本では、民間航空の安全に関する情報の報告制度としては、従来から、事故やインシデント等の再発防止のために、航空事故、事故のおそれのある事態、その他の安全上の支障を及ぼす事態が発生した場合に、事業者等が国へ報告する義務の制度がある。

　ICAO の提唱に呼応して、国は航空の安全性を、さらに向上させる目的のために、自発的報告制度を「航空安全プログラム」における重要な施策の一つとして取り組むことになった。そして、VOICES の運用を 2014 年 7 月 10 日から開始した。

　この制度の運営は、報告がなされた情報に基づく航空安全当局による不利益処分等への懸念を排除するために、航空安全当局者および主たる報告者以外の第三者機関者が行うことが必要とされ、ATEC（Association of Air Transport Engineering & Research：公益財団法人航空輸送技術研究センター）が選定され運用している。

（5）VOICES 基本運営方針

　我が国の自発的報告制度の VOICES は次のような基本方針で運営されており、自発的報告制度が活性化するための具備要件である、非懲罰性、秘匿性は担保されている。

①主たる報告者は、航空活動に自ら直接携わる個人又は当該個人が
　所属する組織とする。

②主たる報告対象事象は、航空活動を行う中で、自ら経験した、又

は視認した、航空の安全上の支障を及ぼす可能性があったと思われる事象とする。

③報告を受ける主体を確立し、その運営は、航空安全当局及び主たる報告者以外の者が行う。

④航空安全当局は、この制度において収集した情報のうち、個人、会社名等が特定される情報について、直接アクセスせず、運営主体に対し、当該情報の提供を求めない。また、仮に当該情報において違反があったことを知ったとしても、当該情報を不利益処分等の根拠として使用しない。

(6) VOICES をどう活かすか

　VOICES は 2014 年に開始以来、運航関係からはすでに多くの報告がなされているが、それ以外の空港、管制、客室、整備などからは、まだ報告の件数が少ない。これは、自発的報告制度の主旨、効用についての理解がまだ十分に浸透していないためであろう。自発的報告制度の成否は、航空関係者に対する情宣活動とその効果の浸透が大きく影響する。そして、日本の航空安全のレベルをさらに向上させるためにも、航空に携わる多くの人が、積極的に自発的報告を提出することを期待したい。

　VOICES に報告された事例は、運用主体の ATEC または JAPA（公益社団法人日本航空機操縦士協会）のホームページで閲覧できる。ぜひ、VOICES に報告された事例を当事者意識で活用することにより、事故・インシデントの未然防止に役立てていただきたい。

FEEDBACK

No. 2016 - 01

【 航空安全情報自発報告制度（**VOICES**）共有情報 】

2016 年 7 月 21 日

航空安全情報自発報告制度（**VOICES**）は航空安全プログラムに伴い 2014 年度より開始された安全情報の報告制度です。事故やインシデント等に関する義務的な報告制度だけでは捉えきれない多くのヒヤリハット情報を収集し、航空の安全向上のために活用していくことを目的としています。専門家チームによる分析を行った報告事象の一部について、定期的に『**FEEDBACK**』として情報共有を行っています。

【管制・運航（大型機）】

[Ground Phase （出発準備、Taxiing, Ramp in/out を含む）]

01. 操縦席 Seat Belt の不具合による Delay

既に STD より遅れて出発模様の中、まもなくの Door CLS を予想して、Seat Belt のうち、ショルダーハーネスを着用しようとした。しかし、バックル部分のハーネスの挿入口付近に有るリリース金具がかなり歪んでいたために、ハーネスが固定できない事が分かった。急遽、整備士とコンタクトして状況を説明し、操縦席に来てもらい対応してもらった。しかし、T.具が必要となり、取り寄せ、対応などで 5 分ほどではあるが Delay となった。この金具部分が歪んだ理由として考えられるのは、通常、このバックル部分は、シート横に有るポケットに収納される

が、それが行われず、床まで届いた状態でぶら下がっていたのではないか。その状態で SEAT を電動で前後に動かしたため、強い力で何かと噛み合ってしまい、結果、歪んでしまったと想像する。今後の自分の対応として、

・着席後早めにハーネスまで着用する。→不具合が有っても Delay 無しに対応できる。

・バックル部分は、シート横のポケットに確実に収納する。もう片方のベルト部分はシート上に置く。それを確認してシートを前後する。

☞ **VOICES** コメント

✓ 椅子を動かす時等には、可動域に障害物がないことを確認することが大切です。手動の場合は感覚で分かるものの、電動の場合は駆動力が強いため干渉があっても分かりにくいので、特に注意が必要ですね。

図 2-3　自発的報告制度 VOICES の共有情報 FEEDBACK の一例

2.5　謙虚と自律の文化

　世の中に存在するものは、完全なものは一つもない。完璧な人も
いない。航空機は技術の先端をいく機器類、システムの集合である。
自動化も進んでいる。しかし、これも人間が設計して人間が作った
ものである。故障することもある。コンピューターにはバグが発生
することもある。故障をしなくても使い方を間違うと危険に近づく
こともある。

　飛行機は重力に逆らって大気の中を飛んでいる。常に変化する大
自然を相手に、運航する宿命を背負っている。どんなに技術が進歩
しても、いわゆる「お天気商売」でもあることに変わりはないのだ。
積乱雲、霧、雪、横風、乱気流などに対して謙虚に対応しないと事
故やインシデントに繋がるリスクを常に抱えている。

　業務に習熟してくると知らず知らずのうちに、新人の頃に身につ
いていた謙虚心が薄れて、基本から外れた自己流の応用に走ること
も、確認を怠ってしまう誘惑が生じることもある。

　さらにベテランになると、システムや規定類が新しくなっても、
つい昔の知識のままであったりする。意識して心掛けないと、若い
人がアドバイスをしにくい雰囲気をもってしまうこともある。

　特に優れてもいない筆者が、ここまでくることができた要因の一
つに、50 歳前後からは、たとえ間違ったことや的外れのアドバイ
スを受けたときも、とにかく口に出して言ってくれたことに対して
「ありがとう」と言えたことで、周囲の人たちからアドバイスを受
けることができたのではないかと思っている。

　「人間は誰でも間違うことがある。機材は故障することもある。
故障しなくても、使い方を間違うと大変なことになる。人間は自然
には勝てない」と社内ではよく言い続けてきた。また社内の安全情

図2-4　着陸する旅客機。どんな状況でも安全に着陸させる

報誌にも寄稿して、安全運航にとって謙虚心の大切さを理解して貰う一助とした。

　自律とは、言葉を換えれば自助努力・自己責任でもある。人は、うまくいかないと、他人のせい、会社のせい、制度のせい、機材やコンピューターのせい、天候のせいなどと、その原因を他や外に求めてしまいがちである。

　飛行機は事故率からすると、最も安全な乗り物である。しかし、いったん離陸したら「着陸する」か「墜落する」かのどちらかである。たとえエンジンが故障しようが、天候が急変しようがどこかに着陸しなければならない。乗客・乗員の安全の最終責任を担う機長を長年務めていると、エンジンや機材の故障や天候の悪化などは原因ではなく、あくまで条件だ、たとえどんな条件下であっても、どこかに安全に着陸するのだという意識が自然に沸いてくるものだ。これは、代表的な自律心といえる。

　事故、インシデントの原因調査とは別に、安全に直接関わる業務についている人間にとって、自分、自社以外の要因は原因ではなく、条件だという意識が必要ではないかと思う。これは究極の自律心でもある。

2.6　学習の文化

(1) 学習とは

　「学習」という言葉を少しかみくだいてみると、①真似をする、教わったことを繰り返し、練習をして身につける、②経験をしながら新しい知識や技術を身に付けていく、③経験を積むことにより、行動が変化していくこと、成長していくことと解釈できる。

　具体的には、現場における学習の文化に次のようなものがある。

(2) 何事からも、誰からも学ぶ習慣

　自分がプロとして技術的に成長したい、人間的に成長したいという意欲や強い目的意識があれば、日常のどんな出来事からも、誰からも学ぶ教材はいくらでも転がっている。成長とは行動の変化である。技術的にも人間的にも成長することは、行動が変化することである。そのためには、うまくなりたい、人間的にも成長したいという意欲があれば、その材料、成長のためのコヤシとなるものへのアンテナ感度が上がり、いくらでも吸収できるものである。

　『宮本武蔵』や『新平家物語』などで著名な作家で、文化勲章も受章した故・吉川英治氏は「我以外皆我師」という言葉を残している。

(3) 他社の事例から当事者意識で学ぶ

　航空界は幸い情報公開、情報の共有が最も進んでいる業界である。国内だけでなく、海外の情報も容易に入手できる恵まれた条件下に

ある。

　一人の人間、一つの組織、一つの会社の経験は限られたものである。そこで、国内他社や外国他社で起こった事例にアクセスして収集して、その事例のような事態に遭遇したらどうするか、あるいはそのような事態に陥らないためには自分、自社ならどうするかを検討する。場合によっては、そのような状況での心理状態を想定して、自分自身をどのようにコントロールするかなども考えてみる。

　他社事例を当事者意識で学んで、行動に活かすためにはどうしたらよいか。それには、「絶対に事故を起こさないのだ」という強い目的意識、責任感を持って、事例を文字だけで追うのではなく、具体的にイメージしながら、その時の心理状態も想像してみる。トラブルを処理する前に、まず自分をコントロールするにはどうしたらよいか、などと机上でシミュレーションする。

　また、常に自分たちの活動、業務、運航に際してどのようなリスクが伴うのかという問題意識を持つ。世の中には完全なものはない、完璧な人はいない、人間は誰でもヒューマンエラーをすることがある、どんなに技術が発達しても自然には勝てない、という危機感をいだいていることが、他社事例へのアンテナ感度が高まり、積極的にアクセスして、それを当事者意識で活用できることに繋がる。他社事例などの情報を当事者意識で行動に繋がるまで活かすためには、目的意識→問題意識→危機意識→当事者意識→行動の一連の流れを自分の中で作り上げることである。

(4) 何歳になっても学習をし続ける習慣

　これは、謙虚心と目的意識とも深い関係にある。物事を学べば学ぶほど知らないことが増えてくる、自分の未熟さに気づくものだ。興味や目的を持っていると、やはり年齢に関係なく学習し続けよう

という意識が自然に沸いてくるものだ。

　日本の航空会社では、60 歳以上の加齢乗員制度が開始されており、筆者の所属していた会社においても、一部の乗員が 62 歳まで乗務していた。筆者も絶対 60 歳を過ぎても飛ぶのだ、という目的意識で、健康管理と技量維持を行ってきた。

　そして、会社本体では筆者がはじめて 63 歳を越しても乗務する機会を与えられたので、さらに強い目的意識をもって健康管理と、何事からも誰からも学び、今後の加齢乗員の手本となろうとしてきた。

　60 歳以上になっても技量を維持するために、具体的には次のようなことを実施した。

　家でも、滞在先のホテルでも、計器の図を前にして、計器のスキャニング、クロスチェックの実施。最終進入から着陸にかけて、近くの計器と遠方の滑走路を相互に見る際に、1 秒以内に焦点を合わせるために、遠近の焦点を合わせる訓練を毎日実施。

　フライトの前日は、翌日飛行するルートのイメージフライトを実施。目的空港のチャート類のレビューと、録音してある管制官とのコミュニケーションを聴く。定期審査の三週間前から、審査に関する知識と審査科目のレビューなども行う。

　これらは、ラストフライトの前日まで続けてきた。フライトを終了した時点で、副操縦士に、気づいたことを言って貰い、勘違い、思い込みをしていないか、新しい情報に抜けがないか、コミュニケーションのタイミングや言い方に改善点がないか、など若い人からも学ぶことを心掛け、ベテラン機長などと思ったことは一度もなかった。

　なお、日本では乗務可能な年齢制限を、60 歳から条件を満した乗員については、63 歳、65 歳、68 歳へと順次改定を行った。

2.7 柔軟な文化

(1) 柔らかいものの方が生き残る

　地球の歴史をみると、動物も植物も環境の変化に対応できた柔らかいものが生き延びてきた。

　ヤシの実は海水にのって砂浜に流れ着き、海水を吸い上げるだけで、すくすくと育っていく。しかも、台風、ハリケーンなどの強風、津波や高波で他の木や木造の建物が折れても、流されてもヤシの木だけがそのまま残っていることが多い。ヤシの木の強さは海水だけでも育つ、なんでも自分の栄養にしてしまう柔軟性、強風にも波にも逆らわない柔らかさではないだろうか。

　安全文化の要素として柔軟性をあげるようになったのは、ワイキキビーチで眺めていたヤシの木から教えられたのがきっかけだった。

　現代の人間の活動においても、まったく同じことがいえる。変化に対応できる柔軟性のあるものが生き残るということは、社会活動、経済活動の中での幾多の栄枯盛衰の事例が如実に物語っている。

　航空界も例外ではない。どの業務でも毎日変化がある。運航の分野でも一便一便毎に同じ環境、条件ではない。基本、マニュアルを遵守すべきことは当然であるが、必要条件であって、十分条件ではない。そのとき、その場の条件、環境の変化に対応して、最も良いと思われる、あるいはリーズナブルと判断される対応が求められるのである。

　厳しい競争社会にあって、さらに利用者の価値観が多様化する中で、安全運航を確保したうえで、こうした対応ができる航空会社が生き残っていくのである。

図2-5　コンポジットフライト
（計器と外の複数の情報で総合的に判断）

(2) 複数の情報で総合的に判断

　思い込み、勘違いというヒューマンエラーは誰もが起こしやすい。特に一点に集中して仕事をしているときなどに起きやすい。一つだけの情報で判断した場合、その情報が間違った情報であれば、当然間違った判断、行動に結びつく。たとえ、正しい情報であっても、一つだけの情報だと思い込み、勘違いをしてしまうことがあり、そこから抜け出すことはなかなか難しい。

　そこで、二つ以上の情報で判断する習慣を身に付けると、たとえ最初にアクセスした情報によって、思い込み、勘違いをしたとしても、別の情報に接して「あれ？おかしいな」、「誰かに聞いてみよう」「調べてみよう」、「もう一度確認してみよう」ということになり、最終的には判断の誤りを防ぐことができる。

　パイロットの教育・訓練においては、コンポジット・フライト

(Composite Flight）といって、計器だけを見るのではなく、あるいは、滑走路など外だけを見るのではなく、計器類と滑走路など操縦席の外を交互に見て、複数の異なる情報で総合的に判断して操縦することを厳しく指導している。これは、「複数の情報で総合的に判断」という状況認識における基本の一つである。

(3) 選択肢・代替案を持つ

　どのような仕事でも計画に基づいて業務を遂行する。しかし計画の時点で想定していた環境、条件、状況が変化すれば計画通りに実行できるとは限らない。一つだけで、選択肢のない実行計画だと、環境、条件、状況が変わった場合、目的を達成することができなくなる。

　複数の選択肢や代替案をもって実行すれば、たとえ環境、条件、状況がかわっても目的を達成することが可能となる。

　どれだけの選択肢を持つか、代替案を用意して臨むかは、過去のデータ、予報、予測による。またリスクが発生する確率と実際に発生した場合のダメージの大きさを検討し、費用対効果なども含めて総合的に判断することになる。

　選択肢や代替案がないと、最悪の場合は即人命に関わる航空機の運航に関しては、「航空法」という法律で目的地の他に代替空港を指定することが義務付けられている。燃料も代替空港まで、さらに代替空港の上空で15分間の空中待機する燃料を搭載することが義務付けられている。

　法的な義務がなくても、パイロットは飛行中、エンジンの故障など重大な機材トラブルが生じた場合、急病人が発生した場合、目的空港、代替空港の天候が悪化した場合などを常に想定しながら、複数の代替案を用意して飛行している。また、乱気流を回避するため

の高度や飛行ルートについても選択肢を持って飛行しているので、飛行計画と異なった事が発生しても、安全を確保して運航をまっとうできているのである。

2.8　「間」の文化

(1) 日本には古来「間」の文化があった

　「間」というものを、古来日本人は大切にし、日常的にさまざまな形で「間」を意識してきた。たとえば、住居に関する言葉として、長さの「1間（けん）」という単位は、日本の家屋のモジュールになっており、「間取り」「茶の間」「床の間」「欄間」など「間」が家屋の中で多く使われてきた。

　「間」は物と物との空間、自分と他人との距離、時間の空白などを表す。音楽、芸術、演劇、噺など「間」のとり方によってその出来栄えを大きく左右する。能や狂言などは「間」がより重要だと言われている。

　剣道でも「間合い」のとり方によって勝敗が決まることがある。江戸時代には、真剣での果し合いでは、「間合い」が生死に直結した。

　現代に生きる我々も「間」のとり方によっては、生死を分けることだってある。たとえば車と車の「間」、つまり車間距離である。このように現代でも「間」は安全性にも大きく影響する重要な要素であることが分かる。

(2) 平時には「間」をとって判断・行動する

　現代は非常に忙しい時代である。ハリーアップ（Hurry Up）症候群という言葉さえある。急いで判断をすることや、操作をしてしまうために、間違いを起こしてしまうことが誰にでもあることだ。

近年起こった航空機事故の中で、その典型的な具体例としては、2015 年 2 月 4 日に台湾のトランスアジア航空（TransAsia Airways：復興航空）の旅客機が離陸直後に墜落して、43 人が死亡した事故がある。その概要は以下のようなものである。

【事故の経緯】

台湾のトランスアジア航空 235 便は、乗客 53 名、乗員 5 名を乗せて台北の松山（Songshan）空港を離陸直後、第 2 エンジン（右側エンジン）がフレームアウト（停止）に入っていることを示す表示とともに、主警報装置（マスターウォーニング）が鳴り響いた。

その後第 1 エンジン（左側エンジン）のスロットルがアイドリング位置まで徐々に引かれてゆき、燃料供給停止位置まで達して、実際に第 1 エンジンは停止したことが、フライトデータレコーダーに記録されていた。この間、幾度か失速警告音が鳴っており、機長は無線を通じて管制官に対して緊急事態を宣言し「エンジンがフレームアウト状態だ」と告げた。コクピット・ボイスレコーダーには、乗員が「エンジン再起動」を連呼している音声が記録されている。墜落直前にも、主警報が鳴り響く音と正体不明の音が、コクピット・ボイスレコーダーとフライトデータレコーダーに記録されており、これを最後にともに停止している。

【事故調査報告】

2016 年 6 月 30 日に、台湾飛航安全調査委員会 (Taiwan's Aviation Safety Council) はトランスアジア航空の墜落事故の原因は、2 基のエンジンのうち 1 基が既に機能停止に陥っていたが、正常に稼働していたもう 1 基が、パイロットの操作ミスにより停止してしまったと、人為的な過失とする最終報告を発表した。

機長、副操縦士とも死亡したために、当事者のそのときの判断や操作に関する心理状態は解明できないが、慌てずに「間」をとって、

どちらのエンジンが故障したのかを確認して操作をすれば、このような悲惨な事故は避けられたものと推測される。

　飛行機の操縦で間髪を入れずに操作をしないと危険だ、事故に繋がるというのは、GPWS の "Pull Up" の警報が発せられた場合と、着陸直前に安全に着陸できないと判断されたときの着陸復航、離陸時の V 1 という離陸決心速度の直前の速度で、エンジン故障などの重大な故障が発生したときの操作・対応くらいである。

　それ以外のトラブルに関しては、2、3 秒から 4、5 秒の「間」をとって判断、操作しても危険になることはほとんどない。逆に「間」をとらずに判断、操作した場合の方が、ヒューマンエラーにより危険に近づいてしまう可能性がある。

　飛行機の操縦に関しても、地上での日常業務、日常生活においても、トラブルがなく平常にことが流れているときには、「間」をとらないで、急いで判断、操作をしたために勘違い、思い込みなどで間違いをしてしまうことがある。

　たとえば、パソコンで作業をしていて、確認しないまま Enter キーを押してしまって、大失敗をしたという経験は誰にもよくあることだ。2、3 秒でよいから「間」をとって「これでいいのか」と考えて判断、操作することにより、ハリーアップ症候群によるヒューマンエラーの多くを防止することができるはずである。

　平時はちょっと「間」をとって判断・操作する習慣を身に付けたいものである。「間」をとる習慣というものは、忙しい時代になって、自己コントロール、セルフ・マネジメントを身に付けることにもなり、かけがえのない人生をより良く生きることにもつながってくるものと確信している。

（3）非常時には迅速に対応、問題を先送りしない

　日本の国、企業の危機管理に関して欧米から "Too Little Too Late" と指摘されることがある。問題を認識してはいるが、その問題を先送りにする。あるいは問題に対して手を打つことはするが、少しずつ小出しにしているうちに、手の付けられない大きなダメージを負うことになってしまうことがある。

　新型コロナへの対応でも感染が拡大する前に対応した国や地域と、感染が拡大してから対策をとった国とでは、結果が歴然と現れている。危機管理の失敗の典型的なものとして "Too Little Too Late" がある。このようなことにならないためにも、迅速な対応と問題を先送りしないことが大切である。

　航空機の業務も含めて、仕事をしていてあるべき状態、状況から少しでも外れそうになった場合、小さな不具合が見つかったなら、早めに処置をすることが大切である。

　一流の人というのは、トラブルが生じそうになる傾向のうちに処置をしているので、傍からは何もしていないように見えても、実は常に問題意識、警戒心をもって状況認識に努めており、トラブルが発生する前の傾向のうちに処理しているものである。

　操縦がうまいと称されているパイロットは、高度、速度、コースが大きく外れる前に、傾向のうちに修正しており、飛行機が安定している。

　前項では「間」をとることの大切さを述べてきた。それは、平時におけることであって逆に非常時、突発的に重大なことが発生した場合には、迅速に対応することが求められる。

　飛行機の操縦では、対地接近警報装置、着陸復航、離陸中断の三つのケースくらいである。地上業務でもクレーム対応などは、トラブルの初期の段階での迅速な対応が遅れると、顧客とのトラブルが

拡大することが多くの事例でみられる。

　飛行中も地上でも「間合い」が安全はもちろんのこと、安心、サービスにも影響を与える重要な要素である。日本人が古来大切にしてきた「間」に関心を持って貰いたい。

2.9　安全を支える四本の柱

　安全文化という土壌を構築することができたら、その上に立って安全を支える柱が必要となる。その四本の柱は、ハードウェア、ソフトウェア、ヒューマンリソース、ソーシャル・リソースである。それぞれの柱だけでは、安全をさせるために不十分である。それぞれのウェアが互いの不十分な面を補い合い、なんとかして安全を支えるのだ、という取り組みが必要である。

(1) ハードウェア

　ハードウェアには、機体そのもの、各種の機器類、整備の機材道具類、空港の施設、航法援助施設、航空管制に関わる各種施設などがある。

　航空機は、重力に逆らって大気の中を飛行する物体である。故障したらエンジンを止めて道路の端に止め、修理できる施設まで牽引して貰う自動車とは事情が異なり、エンジン故障などの重大なトラブルに対する厳しい信頼性が要求される。

　ハード面においては技術が絶え間なく進歩をしている。特に航空機の心臓とも言えるエンジンの信頼は格段に高まって来ている。

　エンジンの信頼性があまり高くなかった時代においては、エンジン 2 基の双発旅客機は、近くの空港から 100 マイルまで、1953 年からは空港より 60 分以上離れたところを飛ぶことは認められていなかった。そのため、太平洋、大西洋などの洋上を飛行することは

52

図2-6　最初にETOPSを取得したB767とその操縦席。
計器には一部在来型の計器が装備されている

図2-7　ETOPS 330のB787とその操縦席

図2-8　ETOPS 370のA350とその操縦席

できなかった。その後、エンジンの信頼性が高まったことにより、
事前に認定を受けた双発旅客機に対して、近くの空港から120分
以内の距離の飛行ルートが認められるようになった。これが
ETOPS（Extended-range Twin-engine Operation Performance
Standards）と言われるルールである。その後、さらにエンジンの
信頼性が高まってくると、双発旅客機が一基だけでも飛行できる時
間が、飛行ルートと、エンジンと機種によっては180分、240分、

330 分、370 分と延びてきている。

　各種システム、機器類も自動化、コンピューター化され信頼性も高まってきている。そのために、運航乗務員も機長、副操縦士、航空機関士の三人が乗務する必要であった航空機も、機長と副操縦士で安全な運航ができるようになった。また、GPS を活用することにより、航法の精度が格段に正確になって来ている。

(2) ソフトウェア

　航空におけるソフトウェアは、ICAO 条約による国際基準、それを受けた国内法である航空法、国土交通省の通達、各航空会社の社内規定、機種毎の規定（マニュアル）教育・訓練、審査制度など、国による安全監査制度、アライアンスに加盟している航空会社間の相互監査、各航空会社の内部監査など、航空界はどの国、どの航空会社もほぼ国際基準に沿って実施されている。

　ただし、その運用、安全文化に関しては、国により、航空会社により必ずしも均一とはいえない。

　そこで、安全のレベルにバラツキがあってはいけないということで、ICAO は締約国に対して SSP の策定を義務付け、かつ実効性のあるものにするために SMS（Safety Management System：安全管理システム）の実施も義務付けている。

　このように、安全に関しての制度、仕組みに関しては、航空界はどの業界よりもきめ細かく対策がとられている。実際にその成果を実りあるものにするには、官民が一体となり、かつ航空会社の現場まで浸透することが必要である。幸い日本の航空界においては、520 名の尊い命が失われた 1985 年の JAL 123 便の事故以来、30 年以上もの間、日本の航空会社の死亡事故は一件も起きていない。このことは、官民一体の努力によるものといえるのではないだろう

か。しかし、昨日まで安全であっても明日も安全であるとは限らない。安全はそんなに甘いものではない。今後国際線も国内線も激化する競争と、規制緩和の流れの中でどこまでこの30年余りの安全文化が維持できるか、国民、利用者は注視していく必要がある。

(3) ヒューマンリソース

　航空界において、安全を支える四本の柱のうちハードウェア、ソフトウェア、ソーシャル・リソースの三本に関しては、改良・改善、整備、見直しが進んでいる。しかし、ヒューマンリソースについては、今も昔もほとんど変わっていない。「変わっていない」というよりも、むしろ不便な時代の昔の人の方が精神、感性が研ぎ澄まされ、警戒心も高かった。一方、自動化やコンピューター化が進み、機材の信頼性も高まって便利になった今日では、自分で操作や作業をするよりも、モニターや判断するタスクの割合の方が多くなってきた。しかも機体や機材はほぼ正常に機能しているにもかかわらず、事故やインシデント・トラブルが発生する事例が航空界においても、他の産業界同様に増えている。その要因の多くにヒューマンエラーが関与しているためだ。こうした現状から、今日では事故・インシデント防止対策として、ヒューマンエラー対策が重要な課題となっている。

(4) ソーシャル・リソース（情報の共有・活用）

　安全文化を構成する要素に「報告の文化」がある。報告によってもたらされる情報は、安全を支える四本の柱として重要な役割を担っている。

　航空の安全は、いかにして情報を収集し、収集した情報を当事者意識で分析・検討して、それを活かすかにかかっている。情報収集

力はアンテナの感度に比例する。その感度は、問題意識、目的意識
に比例する。安全確保への強い意識、使命感である。

　幸い航空界は透明性、情報共有、情報ネットワークに恵まれてい
る。安全情報、事故・インシデント情報は問題意識、目的意識を
持っていれば、さまざまなサイトにアクセスできる。航空関係の主
なサイトを挙げてみると主に次のようなものがある。

　国内では、国土交通省、運輸安全委員会、日本航空協会、日本輸
送技術研究センター、日本航空機操縦士協会、日本技術協会、航空
医学研究センター、日本航空、全日空等がある。

　海外のサイトとしては、ICAO、FAA（米国連邦航空局）、CAA
（英国民間航空安全庁）、CACA（オーストラリア民間航空安全庁）、
DGAC（フランス民間航空総局）、ASN（Aviation Safety Net-
work：航空安全ネットワーク）、イギリスのAAIB（Air Accidents
Investigation Branch：航空事務調査局）、米国のASRS（Aviation
Safety Reporting System：航空安全報告システム）、Boeing、Air-
bus等（ただし、海外のサイトは英語またはその国の母国語である）
がある。

　「情報」は「情に報いる」と書かれているように、単に貰うだけ
でなく与えることによって、情報が共有され活かされる"Give and
Take"があってはじめてソーシャル・リソースとなる。報告の文
化があってこそ、情報がリソースとなり得るのである。

COLUMN ❹

123便について

　1985年8月12日の当日の午前中、筆者は国内線の大阪―
福岡―羽田便を乗務して帰宅した。前日乗務したときも、午後

には埼玉県、群馬県、山梨県にかけては真夏の積乱雲が発達していたと記憶していた。12日の夕方はフライトを終えて、NHKの7時のニュースの前の天気予報を観ていた時、「日航機の機影がレーダーから消えた」というテロップが出た。

その瞬間は「多分、積乱雲を北西に大きく迂回して、その陰になって管制レーダーから一時的に消えたのだろう」と思ったが、徐々に信じられない事実が報道されてきた。4重のシステムが装備されているジャンボが墜落することなど誰も想像していなかった。しかし、結果は520名もの尊い命が失われた。単独の航空機事故としては最悪のものになってしまった。

その夜は、ほとんど眠ることはできなかった。当時の心境を語れと言われても、犠牲になられた乗客のこと、そのご家族のお気持ちを考えると、一言で言い表せる軽いものではない。文章でその気持ちを表現することもできない重いものである。

8月12日の4日後の8月16日、筆者は国際線の成田―クアラルンプール―ジャカルタのフライトを乗務した。重苦しい気持ちで成田空港のオペレーションに出勤した。しかし、いったんフライトの業務についたら、どんなことがあっても、一便一便、新たな気持ちでフライトをするのだと、気持ちを切り替え、一緒に乗務する乗員にもブリーフィングで、気持ちの整理をしてフライトをするようにと言った。

第3章　安全確保のための
リスクマネジメント

3.1　安全はリスクマネジメントで
許容範囲に維持

　ICAO では、安全の定義は次のようにまとめられている「「安全」とは継続的に危険要素を認識してリスクマネジメントを実行してゆくことにより人的危害や財産への被害のリスクを軽減し、例え危害や被害が生じても許容範囲に維持している状態をいう」。つまり、継続的に危険な要素、リスクを認識して、リスクマネジメントを実施して常に許容範囲内に維持している状態を「安全」という。さらに端的な表現をすると、「常に危険と自分との相対位置、相対関係を認識して許容範囲に維持していること」とも言える。

　そこで、筆者はパイロットを対象とした安全講話などでは「パイロットの Risk Management は Risk Navigation と捉えると分かり易い」と伝えている。

　リスクマネジメントに関係する主な用語には次のようなものがある。

図 3-1　パイロットのリスクマネジメント

① リスク（Risk）

　ある行動に伴って、または行動しないことにより危害を受けるこ

とや、危険に遭遇する可能性や損害を受ける可能性。

②ハザード（Hazard）

　危険の要因・危険物・障害物など。

③リスクマネジメント（Risk Management）

　リスクを管理して、危険や損害を回避、またはその影響を低減するための、未然防止―被害局限対応―回復―再発防止の一連のマネジメント。

④リスクアセスメント（Risk Assessment）

　どのようなリスクがあるか特定し、特定したリスクが実際に発生する確率と被害の大きさを推定する。リスクを低減する措置を検討し、許容できるかどうかを評価する一連のプロセス。

⑤リスクコミュニケーション（Risk Communication）

　リスクに関する正確な情報を関係者間で共有し、相互に意思疎通を図ること。

⑥危機管理（Crisis Management）

　リスクマネジメントと同じように使用される用語として危機管理がある。危機管理は組織の存続を脅かすような危機的な事態や、人命に関わる事態を未然に防ぎ、実際にそうした不測の事態に遭遇した際に、最悪の事態を防ぐための体制や措置をいう。

3.2　リスクマネジメントと危機管理の概念の歴史

(1) リスクマネジメントの歴史

　リスクマネジメントの概念は、1920年代に第一次世界大戦に敗戦し、その賠償問題で激しいインフレに悩まされていたドイツにおいて、企業防衛のための経営政策論の一部として起こった。そして1930年代になると大不況下のアメリカでも、企業を倒産から守る

ための保険管理の概念として登場した。

　さらに企業を発展させるために、投資や投機のリスクに対するさまざまな手当てが研究されるようになり、今日に至っている。また、現場では労働安全、事故防止策、品質管理等の目的で研究され、実際に現場で取り組まれるようになり、進化を続けている。

(2)　危機管理の歴史

　危機管理の危機（Crisis）の語源にはいろいろな説があるが、古代ギリシャ語の「分離」を意味し、病人が回復するか死に至るかの分岐点を表す医学用語から派生していると考えるのが、「危機」という状況を理解するのに相応しいと考えられる。人の生死の分岐点となるような事態を意味するのが「危機」という言葉の象徴的な使い方である。

　これから派生して、ある紛争状態が、戦争か平和への回復かの分岐点にも適用し、その紛争が戦争へエスカレートするのを防止し、収拾を図ろうとするシステムの体系を「危機管理」と称するようになった。

　危機管理の考え方や行動様式、知恵は古来軍事面で磨かれてきた。『孫子の兵法』などの兵法書や、武道の極意書には、現代でも危機管理やリスクマネジメントを実践するうえで、十分に活用できる考え方や知恵が多く遺されている。

　近年になって危機管理が体系だって研究され発達してきたのは、1962 年に起こったキューバ危機が契機となった。

　当時、ソ連がキューバに密かに核ミサイル等を設置した。それをアメリカの U-2 偵察機が発見し、キューバを海上封鎖。ソ連に核ミサイル基地の撤去を迫ったことにより、米ソが一触即発の危機的な状態に陥った。

　最終的には、ソ連が核ミサイルを撤去してこの危機を脱することができた。このキューバ危機を契機に、アメリカにおいてその理論と体系が発展した。危機管理はこのように軍事的領域を対象としていた。

　1970年代になると、軍事的領域の対象から、石油・食糧などの資源危機、金融危機、大規模な地震や風水害などの大災害、公害・環境破壊やテロや暴動といった、国民生活の安定と国民の生存を直接的または間接的に脅かす「経済的・社会的・政治的危機」が顕在化するにつれて、軍事的危機以外にも、民間の企業・団体、家庭や個人の危機に備えての管理までも含めて「危機管理」という言葉が日常的に広く使われるようになった。

　そして、リスクマネジメントと危機管理の区別が曖昧になっているのも、日本社会の現状である。リスクマネジメントがうまくできなくて、危機を招く事例が頻繁に起こっていることからも、この現象は頷けることでもある。その典型的なものを挙げてみると、電車や地下鉄のホームで、電車が入ってくるにもかかわらず、スマートフォンや携帯電話の操作に夢中になるというリスクマネジメントの欠如によって、人身事故という生死に関わる危機を招く事例が後を絶たない。

(3) 現場の人間としてリスクマネジメントと危機管理をどう捉えるか

　リスクマネジメントや危機管理に関する多種多様な書物が出版され、それぞれいろいろな角度から、理論的にもいろいろな説明がされている。

　それを自分なりに消化して、実際の生活、仕事の現場で自分の行動に活かすためには、できるだけシンプルに捉える必要がある。

3.3　リスクとは

(1) リスクは危害や損害を被るかも知れない不確実性

　リスクは危害や損害を被るかも知れない不確実性のことである。人間の活動には、必ず不確実性というリスクが伴う。航空界における安全とは「リスクを継続的に意識してリスクマネジメントを実施することにより許容範囲内に維持している状態である」ということは第1章のICAOの「安全」の定義で理解できた。

　許容範囲とは言葉を換えれば、「人が危害を被ることも、物が損害を受けることもないこと、あるいは、現実の活動の中で多少の危害や損害があっても、この程度なら大事に至らず許容できる範囲内」といえる。

図 3-2　リスクの不確実性（左）と
リスク発生確率と被害の大きさの掛け算（右）

(2) リスクはリスクが実際に発生する確率と被害の大きさの掛け算

　リスクというものは、いつ発生するかもしれないという不確実性を持っている。そしてそれが実際に発生した場合、軽微なものも、甚大なダメージを受けるものもある。リスクはその発生する確率と、実際に発生した場合の被害の大きさの積で表すことができる。

　航空の運航に関わるリスクには大きく分けて気象に関するリスク、機材に関するリスク、人的要素に関わるリスクがある。

　気象に関するリスクには離着陸の際の風の変化、霧や雲、降雨降雪による低視程、ダウンバースト、上層風の変化、積乱雲による乱気流や、飛行時間が長くなり燃料消費が計画より多くなることなどがある。

　機材故障も運航の安全にとってのリスクである。このリスクに対しては、実際に発生しても安全を確保できるように、乗務員は定期的な訓練と審査を受けている。

　人的要素のリスクとしては、パイロットと管制官とのコミュニケーションエラーをはじめとして、勘違い、思い込みなどのヒューマンエラーが常に付きまとっている。このヒューマンエラーを減らすため、たとえヒューマンエラーというリスクが発生しても事故に繋がらないように、航空界では他の業界に先駆けて、リソースマネジメント、ノンテクニカル・スキルを導入して、その向上に取り組んでいる。

(3) リスクには純粋リスクと投機的リスクの二種類がある

　純粋リスクは「Pure Risk」または「Loss Only Risk」とも言われており、そのリスクが顕在化した場合は、危害や損害のみが発生するリスクで、航空界でいえば「事故」や「インシデント」などのリスクがそれに相当する。純粋リスクに対するリスクマネジメントは、100点満点であってもゼロということで、日本の社会ではまだ評価されにくい組織風土がある。しかも、堅実なリスクマネジメントによって、事故、インシデント、トラブルが少なくなるほど予算や人員を減らす場合が多い。いったん事故、インシデント、トラブルが発生すると、また予算や担当の人員を増やすということが繰り返されるのが、日本の多くの企業・組織の通例であった。

　特に、競争が激化して、コスト削減、効率化が求められる社会現

状にあっては、リスクマネジメントの重要性は理解しつつも、実際にリスクマネジメント、危機管理に十分なリソースを注ぐ企業は決して多くはないのが現状ではなかろうか。

　欧米では、以前からリスクマネジメントや危機管理は、マイナスを少なくすることにより、結果的に経常利益が大きくなり、「儲かるのだ」という考え方から、リスクマネジメントや危機管理を重要視して力を入れている。

　島国の日本と違って、弱肉強食の欧米社会では、リスクマネジメント、危機管理に失敗すれば食われてしまう、滅亡してしまうという緊張感の中で、必然的に国家、企業の経営の重要課題として発達してきた。

　もう一つのリスクとして投機的リスクがある。これは「Speculative Risk」とも「Loss or Gain Risk」とも言われている。損失（Loss）のリスクもある一方、利益（Gain）をもたらす可能性のあるリスクである。景気の変動、消費者の動向、需給関係動向、社会情勢、為替リスク、政策の転換、法律の改正、債権の売買、商品先物の手当てなどがある。

　航空会社でいえば、路線の拡大、機材の導入などがある。景気や国際情勢、為替等の影響を受けやすく事業計画通りに外部環境が推移すれば儲かる（Gain）が、予想外のことが発生して乗客や航空貨物が減れば、拡大路線が重荷になって大きな損失を出してしまうことになる。

　本書は、経営層や経営企画部門を対象としたものではなく、主に航空の運航現場を対象としているので、安全の確保という純粋リスクについて考えてみたい。

（4）リスクマネジメントは三点セットで

リスクマネジメントを実施するうえで、効果的に成果を上げるためには、単に漠然とリスクマネジメントだけを実施していたのでは、限りなく存在し、あるいは潜在するリスクに対してどれから手を付けてよいか分からない。どのリスクに対してどれだけのリソース、エネルギーを注いでよいかも判断できない。効率も悪くなる。

さらに、リスクマネジメントは当該者だけがいくら一生懸命に行っても十分な成果は得られない。すべての関係部門、関係者の理解と協力があって、はじめて成果が期待できるものである。

そこで、効率的かつ成果も期待できるリスクマネジメントを行うためには、自分たちが活動するうえでどのようなリスクがあるか、それが発生する確率はどうか、実際にそれが発生した場合のダメージはどれくらいか、そのリスクは低減できるのかどうかという評価・査定（アセスメント）がリスクアセスメントの一歩となる。そして、自分たちの活動に関わるすべての関係者と、必要に応じて利用者や利害関係者（ステークホルダー）とリスクについての情報の共有と、共通認識のためのコミュニケーション（リスクコミュニケーション）を行いつつ、リスクマネジメントを実施してこそ、その成果が確実に期待できるのである。

つまりリスクマネジメントは、リスクアセスメント、リスクコミュニケーションとの三点セットで行うことが大切になってくる。

3.4　リスクアセスメント

リスクマネジメントを成果あるものにするためには、まずリスクアセスメントを実施する必要がある。それにより、リスクマネジメントの成果を高め、安全を許容範囲に維持できる確率を高めることができる。

　我々が活動するうえでさまざまなリスクや危険な要素が存在し、あるいは潜在しており、油断するとそれがいつ顕在化するとも限らない。しかし、すべてのリスクに対応することは不可能である。また漠然とリスク対策をしても焦点が定まらず、結果的に実のあるリスクマネジメントを実施することは期待できない。

　そこで、自分たちが活動する周囲には、どのようなリスクがあるのか、そのリスクが発生する可能性は、実際に発生した場合の被害の大きさはどうか、そのリスクは許容できるのかどうか、といったリスクアセスメントが必要になってくる。

　リスクアセスメントは、数年前から日本の業界、企業でも取り組むようになってきている。リスクアセスメントの基本的な手順としては次のような行程がある。

3.5　リスクアセスメントのプロセス

(1) リスクの特定

　どのようなハザード（危険要因）があるかのリスクを特定することは、安全管理プログラムを効果的なものとするために極めて重要である。

　リスクアセスメントは、まず考え得るすべてのリスクを洗い出して特定する作業から始まる。航空の運航において、リスクが実際に発生する可能性のあるハザードには次のようなものがある。

　離着陸に関しては、強い横風、雪・氷・強い降雨などで滑りやすい滑走路、工事中の滑走路や誘導路、複数の滑走路を同時に使用している空港などが挙げられる。

　飛行中には、山などの障害物、軍事演習中の空域、積乱雲、ジェット気流による乱気流空域、ダウンバースト、そして最近では紛争地帯の空域なども注意すべきハザードである。

　管制上のハザードとしては、混雑している空港や空域、不慣れな海外の空港での管制官とのコミュニケーションもハザードとして考慮しておく必要がある。

　これらのリスクは必ずしも排除できるとは限らず、リスクマネジメントはまずこれらのハザードによるリスクの特定から始めることが第一歩である。排除できないリスクについては、それを意識してより慎重なオペレーションが求められる。

　リスクアセスメントにおいては、リスクの特定に続いて、リスクの推定という作業が必要になってくる。

(2) リスクの推定

　特定したリスク（R：Risk）が発生する確率と、実際に発生した場合のそのダメージの大きさ（D：Damage）を推定する作業である。リスクとは、発生するかも知れないという不確実性（P：Provability）と実際に発生した場合の被害の大きさを掛けた積で表すことができる（R＝P×D）。

(3) リスク低減の優先度の選定と低減対策・措置の検討

　洗い出し、特定したリスクのすべてに対策や措置を施すことは不可能であり、また現実的でもない。そこでリスクの推定作業によって得たR＝P×Dの値を参考にしてリスクの軽減対策・措置の優先度を検討する。

(4) リスク低減措置の実施

　検討されたリスク低減措置の優先度に従って、低減措置を実施する。航空界では一般的なリスク低減対策・措置としては主に次の項で示すものがある。

(5) 航空界における主なリスク低減対策・措置

①技術革新・改善（Technology）

　航空機の製造会社であるボーイング社、エアバス社等によって新しい技術を取り入れる技術革新や、事故調査で判明した不具合の改善などがある。

②教育・訓練の充実（Training）

　新しいシステム、機能に対応した教育・訓練、事故・インシデントによって判明した技量・知識の不十分な部分への追加の教育・訓練など。

③規則・規定の改善（Regulation）

　技術革新など新しい現状にそぐわなくなった規則・規定の改定、事故・インシデントの原因、背景を受けて規則・規定の改定、あるいは新規に設定する必要性が出来た場合など。

3.6　リスクコミュニケーション

(1) リスクコミュニケーションとは

　我々が活動するうえでの問題に関して、それに関わるすべての人が、リスクも含めて正確な情報を共有して、相互に意思疎通を図ることをリスクコミュニケーションという。

　一般には、国や自治体、企業と顧客や地域などの利害関係者（ステークホルダー）とのコミュニケーションに使われることが多い。

(2) 日本の社会で遅れているリスクコミュニケーション

　日本の社会で、最も遅れている分野の一つにリスクコミュニケーションがある。特に物やサービスを提供する側と、利害関係者（ステークホルダー）とのリスクについての正確な情報の共有と理解の不足が顕著である。その代表的なものに放射線・放射能に対する問

68

題がある。

　航空に関してはニュースバリューが大きいためか、いったん、航空機の事故やトラブルが発生すると、大きく報道されるために一般利用者は不安になり、「飛行機は怖いですね」、「危ないですね」という利用者のコメントが放映されることが多い。

　筆者は、テレビや新聞の取材に対しては、中学生からお年寄りまで理解していただけるようにしている。できるだけ、専門用語を使わず、推定される事故の原因・可能性をいくつか挙げるとともに、飛行機そのものを含めて、航空のシステムは多重防護で、何重にも安全を確保しているとコメントする場合がある。

　その多重防護には次のようなものがある。B 777 や A 320 のよ

図3-3　テレビ出演時の模様。NHK「ニュースウォッチ９」（上）、TBS「ひるおび！」（左下）、フジテレビ「Mr.サンデー」（右下）

うな双発機は、エンジンが一つ故障しても、もう一つのエンジンで飛行して最寄りの空港に安全に着陸できるようになっている。この場合、機長は管制官に着陸優先権を要請する目的"Request Emergency landing"という用語を使用するために、日本のメディアでは緊急着陸と大々的に報道されるが、海外のメディアではほんとニュースにならない。

その理由は、電気系統、油圧系統、機内与圧系統も3重、4発機では4重になっており、システムの一つ、二つ故障しても、残ったシステムで安全に飛行できるようになっているからである。

TCAS（Traffic alert and Collision Avoidance System：空中衝突防止装置）は、航空機との接近状態を計器上の画像と音声で知らせてくれ、さらにこのままだと衝突の可能性があるという範囲内に接近した場合は、計器と音声でパイロットに上昇または降下の指示を出して、航空機同士の空中衝突を防止するようになっている。

着陸装置は安全に着陸するために必要なものである。もし、パイロットが、着陸装置を降ろし忘れた場合には、着陸前チェックリストで気づくような手順となっている。たとえ、チェックリストを実施することも抜けていた場合でも、音声と警報ランプ、メッセージ等でパイロットに知らせるシステムになっている。

油圧トラブルなどで出すことができない場合には、電力か機種によっては手動でも降ろせるようになっている。

このように航空のシステムは、安全確保のために多重になっている。またシステムの故障は、定期的な訓練と審査を受けたパイロットの技術で補い、逆にパイロットのヒューマンエラーに対しては、システムが警報を発してパイロットに気づかせるようになっている。

リスクコミュニケーションが最も遅れているのが、利害関係者（ステークホルダー）間であるが、同じ活動に関わる関係者間のリ

スクコミュニケーションも決して十分とはいえない。その要因の一つに縦割社会、責任の所在が曖昧であるといった日本の組織風土が挙げられる。しかも、大きな組織ほどその傾向が強いのが現状である。

　リスクマネジメントを実効性のあるものにするためには、利害関係者間はもとより、航空活動に関わる者同士間のリスクコミュニケーションも大切な要素である。

(3) ぜひ徹底したいリスクコミュニケーション

　航空機の事故は離着陸時に起きることが多く、しかも「生存可能事故：Survivable Accident」と呼ばれ、事故発生時点では生存しているケースが多い。しかし、その後発生する煙や火災のために、飛行機の機内から脱出するのが遅れて犠牲者が出るというのが、航空機事故の一つの特徴である。

　航空機の燃料の成分は灯油とほぼ同じで、燃料に引火して機内が炎に包まれた際には、最悪の場合には3分で1,000度になると言われている。

　機長は、操縦席という限られた空間、限られた情報の中で、煙または火災が発生したことを知った場合、それが完全に消えたということが確認できない限り、こうした最悪の事態を防ぐために緊急脱出を決断する。実際に機内に火災が発生した場合に、犠牲者を出さないためには、1秒でも早く全員が脱出する必要がある。そのためには「落ち着いて、荷物を置いて、乗務員の指示に従って速やかに脱出すること」が、命を失わないために絶対必要なことである。

　しかし緊急脱出をする事態になったときに、この三つのことを乗客に説明して理解していただき、共通の認識をもつための時間的な余裕がない。では、どうしたらよいか。

　乗客は、飛行機に搭乗したときによく聞くような、「非常口を使って脱出する際は乗務員の指示に従って行動して下さい」という丁寧な説明よりは、実際に脱出することになった場合に客室乗務員が強い口調で指示する、「落ち着いて！荷物を置いて！脱出！」という一方的な指示の方に従うという。これは一方通行的なコミュニケーションではあるが、炎で命を失うというリスクを避けるための、非常に大切なリスクコミュニケーションである。

(4) 乗員が日常のフライトで実施しているリスクコミュニケーション

　航空機の運航は、限られた空間、限られた時間内、限られた情報、限られたリソースという制約条件下で、かつ、さまざまに変化する状況に対応して乗客の安全を確保し、かつ質の高い運航をする使命を担っている。乗員にとっては、ブリーフィングはリスクコミュニケーションの主体となる。

　それでは、フライトの流れに沿って、乗員間のブリーフィングを通したリスクマネジメントの実態の例をみることにする（注：航空会社によっては、必ずしもこれから紹介する手順とは限らない）。

①乗客の搭乗前の運航乗務員と客室乗務員とのブリーフィング

　乗員は基本的には、前月の下旬までに作成された乗務スケジュールに従って空港に出頭し、運航乗務員、客室乗務員それぞれが出発前の飛行計画、ブリーフィングを実施してから、乗務する飛行機に乗り組む。ちなみに飛行機で使う用語は船から来ているものが多く、飛行機自体は Ship と呼んでいる。

　Ship に到着したら、ここではじめて運航乗務員（パイロット）と客室乗務員（キャビン・アテンダント）とが顔を合わせてブリーフィングを行う。余談であるが、このブリーフィングのことを、運

航乗務員はキャビン・ブリーフィングといい、逆に客室乗務員はコクピット・ブリーフィングまたはキャプテン・ブリーフィングという。

　まずお互いに一人ひとりの自己紹介を兼ねて、地上での非常脱出の際にどのドアを担当するかを確認し合う。次に運航乗務員から、当該便の飛行計画に沿って、巡航高度、速度、飛行時間、途中の主な通過地点、使用滑走路、目的空港の到着予定時刻の天候、航路上で乱気流が予想される時間帯等の情報を客室乗務員に伝える。客室乗務員から運航乗務員には、旅客部門から得た旅客に関する情報を伝える。これらの情報の共有は、ブリーフィングの時間短縮のためITの進歩で、必要な情報をプリントした紙、あるいはモバイルを使用する傾向にある。

　情報の共有に関しては紙やモバイルなどの媒体でもその目的を達することができるが、リスクコミュニケーションに関しては、Face

図3-4　運航乗務員と客室乗務員とのブリーフィング

to Face のコミュニケーションが大切である。たとえば「今日は、強い風の中で離陸するので、非常脱出するようなトラブルに遭遇した際に、脱出シュートが風に吹き上げられて使用できない場合がある。外の状況を確認してから、非常脱出をする」とか「今日のフライトは、上空のジェット気流がかなり蛇行しており、突然揺れる可能性があるので、お客様に熱い飲み物をお出しするときは、すくな目にするなどの注意が必要」など。

　客室乗務員から、「シートベルト着用サインが点灯している時に、お客様からどうしてもトイレに行きたい、我慢できないと、言われた場合はどうしたらいいですか」、「その時の揺れの状況により対応が異なるので、そのような時は、まずコクピットに連絡するように」などのリスクコミュニケーションがある。

　また、運航乗務員から、客室乗務員に対して、緊急時の対応などについて質問して、確実な操作、対応ができるかどうかを確認する場合もある。これも、想定されるリスクに対する対応のためのコミュニケーションである。

　Face to Face のブリーフィングでは、お互いに顔色を見て、それぞれの健康状態を把握できる。乗員は万全の健康状態で乗務に臨むことが基本である。しかし、生身の人間である。空港に出頭してから急に体調を崩す場合だってないとはいえない。顔色がさえない、辛そうな姿勢、様子をしている客室乗務員がいたら、羽田や成田のような基地の空港なら、空港に待機している（スタンバイという）交替乗員に代わって貰うことだってあり得る。

　いくつかの例で紹介したように、運航乗務員と客室乗務員の出発前のブリーフィングは、リスクコミュニケーションの度合いが多くなる。そして、運航乗務員同士のブリーフィングでは、さらにリスクコミュニケーションの色彩が色濃くなる。

②テイクオフ（離陸に備えての）・ブリーフィング

　機長と副操縦士によるテイクオフ・ブリーフィングは、着陸に備えるランディング・ブリーフィングとともに、運航の安全に直結する重要なブリーフィングである。その主な代表的な内容には、次のような項目がある。

・出発空港の気象情報と注意事項

・離陸に影響するNOTAM（Notice To Airman：進入灯や滑走路末端灯といった飛行場灯火の故障滑走路や誘導路などの閉鎖、航空保安無線施設の故障などの情報）

・滑走路までの誘導路の経路と使用滑走路

・離陸重量

・離陸の際に使用する推力、フラップの角度、必要滑走路長

・出発方式とその経路

・使用するフライトコントロールシステムのモード

・離陸中のトラブルに対する処置と役割分担

・その他の補足事項

図3-5　テイクオフ・ブリーフォング

　これらの項目を、PF（Pilot Flying：そのフライトで操縦するパイロット）が説明し意図を表したあとに、PM（Pilot Monitoring：計器や飛行機の状態、操縦担当のパイロットの行動などをモニターして、必要に応じてアドバイス、コールアウトするパイロット）が質問、補足して、二人が相互確認をする。ここで大切なことは、情報、状況の確認だけでなく、お互いの意図も相互に確認することである。質問も"Yes"、"No"、「はい」、「いいえ」ではなく、具体的な答えが返ってくるような質問をすることが、お互いの思い込み、勘違いを防ぐうえで非常に大切である。

③離陸後のクリティーク

　ブリーフィングはこれから行うことについて、情報、意図の確認を行う作業である。パイロットはブリーフィングとは別に、それまで行ったことについてのクリティークも行う。これは、CRM が導入されてから実施されるようになったといえる。

　クリティークは英語の Critique をそのままカタカナ表記したも

図 3-6　巡航になり落ち着いたところでのクリティーク

のである。良かったところ、悪かったところを批評、評価するという意味である。CRM では「判断と行動の振り返り、次に活かす」という目的のために実施している。

　機長と副操縦士は離陸後、巡航高度に達して落ちついた時点で、オペレーションでの飛行計画から、客室乗務員とのブリーフィング、ターミナルから滑走路に向かう誘導路での地上走行、離陸操作等について、振り返ることが多い。

④飛行中のブリーフィングとリスクマネジメント

　フライトは時刻表にそった定期運航といえども、状況は毎回異なる。出発前に計画、想定し、ブリーフィングした通りの状況ということはほとんどない。安全を確保しながら快適なフライトを続けていくために、適宜状況に応じて対応策を検討し、ブリーフィングを実施して乗員が共通の認識を持って仕事ができるように、機長のマネジメントが、安全にもフライトの良否にも大きな影響を与える。

　飛行中に頻繁に実施されるブリーフィングには、乱気流対策がある。乱気流には大きく分けて、ジェット気流による晴天乱流と積乱雲によるものがある。搭乗前の客室乗務員とのブリーフィングで、あらかじめ揺れが予想される時間帯を相互に確認はしているものの、その通りであるとは限らない。実際には晴天乱流は、飛行中に風の変化、外気温の変化、他の飛行機のレポートなどから揺れる空域を予想する。積乱雲の場合は機上の気象レーダーや目視で積乱雲の所在を確認する。

　機長と副操縦士とは、揺れを避けるために高度の変更、迂回ルート等を検討し、必要に応じて巡航高度の変更を管制に要求し、積乱雲を回避するために迂回ルートを要求する。

　揺れを避けられない場合、あるいは、揺れる可能性がある場合、

客室乗務員には、乗客へのサービスの状況を確認し、何分後に座席ベルトサインを点灯させるから、それまでにカート類は収納するように指示をする。

突然揺れが始まる場合を除いて、あらかじめ揺れが予想されるときは、その5分位前には座席ベルトサインを点灯して、トイレに入っている乗客が揺れる前に座席に戻れる時間的余裕を考慮する。

ベルトサインを点灯してアナウンスを行う。アナウンスを終えて、3〜4分ほどして、客室乗務員から全員が着席しているかどうかの報告を受ける。そして、実際に揺れが始まり、その揺れが収まった後には、客室乗務員に怪我をされた乗客はいないかを確認する。

マスコミから「機長として何か一番コワイか」、「コワイ思いをしたことがあるか」と質問を受けることがある。「エンジンの故障などの機材故障は、毎回訓練を受け、審査も受けているので、たとえ機材に故障があっても、コントロールできている以上、安全に着陸できる確信をもっているので、それほどコワイとは思っていない。しかし、乱気流で乗客、客室乗務員が怪我をすることが一番コワイです」と答えている。

従って、飛行中は乱気流に対するブリーフィングは、客室乗務員とは、主にインターフォンを通じてではあるが、しつこく、念入りに行っている。

⑤ランディング（着陸に備えての）・ブリーフィング

ランディング・ブリーフィングは、重力に逆らって大気中を運航している飛行機を安全に地上に着ける作業のための、最も重要な打ち合わせという意味を持っている。テイクオフ・ブリーフィングと同様、その内容は主に次のような項目がある。

・出発空港の気象情報と注意事項

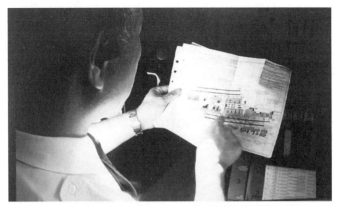

図 3-7　ランディング・ブリーフィング、着陸後の誘導路を確認中

・着陸に影響する NOTAM
・到着ルートと進入方式及び使用滑走路、進入復航方式
・着陸重量とフラップの角度、必要滑走路長
・使用するフライトコントロールシステムのモード
・ゴーアラウンド（着陸復航）の手順
・着陸後滑走路からターミナル、スポットまでの誘導路の経路
・代替空港に向かう場合の、目的地空港上空での残存燃料
・その他の補足事項

　ここでも、PF が説明し、意図を表した後に、PM が質問、補足して、二人が相互確認をする。相互確認は情報の確認だけでなく、「自分はこういう考えで、こうする」というお互いの意図の確認も重要である。

⑥フライト終了後のブリーフィング（デブリーフィング）

　フライトを振り返り、お互いに気が付いたことを口に出して言い、次のフライトに活かすことを目的とする。デブリーフィングは、フ

ライト終了後、操縦席で2〜3分、成田や羽田のような基地の場合は、オペレーションに戻ってから、出先なら空港からホテルまでのバスかタクシーの中で、場合によっては宿泊ホテルで行う。

特に、副操縦士の訓練、機長昇格訓練の場合は、主に機長から副操縦士に対して行う割合が多い。一般には、操縦席で簡単に実施する場合が多い。筆者の場合は、副操縦士から気づいたことを言ってもらった内容に、千金に値する貴重なコメントがあった。特に自分が、50歳を過ぎ、さらに60歳を過ぎても成長できたと感じることができたのは、デブリーフィングのときに、自分の息子と同年配の若い副操縦士から、気づいたことを口に出して言ってもらったおかげだと感謝している。

たとえば、こちらの判断や操作の根拠は、副操縦士も当然分かっている、把握していると思っていたのであるが、当の副操縦士からデブリーフィングの際に「キャプテンはなぜあのような判断しましたか」という質問を受け、自分の意図の説明不足が副操縦士に余分な心配、疑問を持たせ、注意配分をそいでしまったことを気づかされたこともあった。そして、チーム力を発揮するためには、情報の共有だけでなく、積極的にお互いに意図も共有することに大切さを学んだ。

このように、デブリーフィングには、気づいたことをお互いに口に出し、言ってもらった側にとって、気づきという素晴らしい効果もある。

(5) 関係者間のリスクコミュニケーション

第1章でも触れたように、ICAO が提唱している SMS（安全管理）のリスクマネジメントのマネジメントサイクルにもリスクコミュニケーションがある。

　航空業務に携わる各部門の中でも、特に飛行機の運航に関わるパイロット、客室乗務員、整備士、運航管理者等の間においては、リスクについてほぼ情報の共有と意思疎通はできているが、旅客部門や管理部門などの間接部門とのリスク情報と意志疎通に関しては、まだまだ改善の余地は十分残されている。

　パイロット、客室乗務員、整備士、運航管理者等の間においてはFace to Face でフライト毎にブリーフィングをする機会があり、飛行計画の段階でのブリーフィングもパソコン画面で実施することが多くなった現在でも、少しでも疑問が生じた場合は、パイロットと運航管理者は Face to Face でコミュニケーションをとって、運航に関わるリスクを共有することができる。

　しかし、旅客部門や管理部門などの間接部門と乗員、部門間におけるリスクコミュニケーションは、メールや文書、電話が主になっており、リスクについて十分に共有され、意思疎通が図られているとはいえないのが現状である。

　この現状を改善して、リスクを共有して、安全を最優先しつつ、定時性、快適性、効率性という航空会社に求められるテーマを総合的に判断して追求していくためには、お互いの業務の内容を理解し、部門間のミーティングの開催、業務のオブザーブ、定期的な人事異動などを積極的に実施する必要がある。

　しかし、最も共通の理解が求められるパイロットと管制官に関しては、以前と比較して交流の場が少なくなってきていることもあり、共通の理解が低下しているのではないかという懸念がある。これは、最近の社会情勢から空港の管制塔や航空路を管制する各管制部のセキュリティを、厳しくせざるを得ないというのが一つの理由として挙げられる。

　「安全かつ円滑な航空交通」という本来の航空交通管制の目的か

らしても、パイロットと管制官の交流の場を作る工夫をし、両者が相互の業務を理解し、共通の認識のもとに空の交通の運用の向上を期待したい。

3.7　リスクマネジメントの実際

(1) リスクマネジメントと健康管理は同じである

　リスクマネジメントは、「未然防止→被害局限対応→回復→再発防止」、この一連の行動を運営することである。健康管理も、「予防→治療→回復→再発防止」というマネジメントであることから、リスクマネジメントと健康管理は同じ考え方であることが分かる。

　特にリスクマネジメントにも健康管理にも求められる共通の心構えとして、まず「謙虚心」と「自律心」を挙げておく必要がある。

　リスクマネジメントも健康管理も未然防止、予防が大事であることから、同じ取り組み方でよいことが分かる。実際、筆者もパイロットとして42年間、乗客をお乗せして40年間乗務を続けてきた中で、病気で一度も休むこともなく、また多くの方々の協力のもとで、無事故をまっとうできた経験から、安全確保のためのリスクマネジメントと健康管理はまったく同じ考え方、同じ取り組み方でよいのだ、という確信を持っている。

　それでは、リスクマネジメントの未然防止―被害局限対応―回

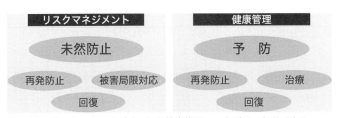

図3-8　リスクマネジメントと健康管理のマネジメントサイクル

復一再発防止のマネジメントの各段階（Phase）での実際を考えて
みることにする。

(2) 未然防止（Proactive Safety）

　リスクマネジメントの各段階のうちでも、未然防止に最もエネル
ギーを注ぐ必要がある。

　航空界の運航部門においては、未然防止に失敗すると重大な事故
に繋がる可能性があることから、徹底した未然防止が求められる。
未然防止に貢献する施策としては次のようなものがある。

①安全文化の構築

　「安全文化」という言葉が公式に使われるようになったのは、
1986年のチェルノブイリ原発事故の、IAEA（International
Atomic Energy Agency：国際原子力機関）による事故調査報告書
からである。その後、各種の産業界で大きな事故がある度に、「安
全文化」の欠如が指摘され、「安全文化」の構築が勧告されるよう
になった。

　このことは、安全文化が安全にとっていかに重要かを物語ってい
る。そして、最近では安全文化の構築は、幅広い産業分野で事故防
止にとって不可欠の取り組みとなっている。安全文化は、トップか
ら現場の一人ひとりまでが、安全を最優先する意識と取り組みを意
味する。

　しかし、「安全を最優先する」と簡単に言うことはできても、実
際には企業も個人にも求められるテーマはいくつもあり、その兼ね
合いの中で、どこまで安全を優先するかは、難しい永遠の課題でも
ある。ここで、「安全とは許容範囲内に維持するのだ」という総合
的判断が求められることになる。

　安全文化は、健康管理で大切なことは日頃の生活習慣、食生活習

慣であるのと同様に、安全の関する考え方や行動の習慣であるとも言える。なお、安全文化については後の章で詳しく触れる。

②知識・技量の維持向上、定期的な教育・訓練及び審査

　航空界も他の産業と同様に、事故・インシデントの要因にヒューマンエラーが関与しているケースが多い。ヒューマンエラーの分類の仕方には、スキルベース（技量不足によるもの）とナレッジベース（知識不足によるもの）がある。特に航空の現場に携わる者に関しては、未然防止にとって知識・技量の維持向上は必須の条件でもある。知識・技量の維持向上の手段としては、一般に企業内の教育・訓練の3本柱として次のものがある。

(1) OJT（On the Job Training：日常業務を通じての教育・訓練）

(2) Off-JT（Off-Job Training）：セミナーや研修など業務を離れての教育・訓練）

(3) TT（Technical Training：専門分野の教育・訓練）

　さらに、航空界や医療界や原子力業界などの一部の業界ではTechnical Training に加えて CRM とも呼ばれている Non-Technical Training（後述）を実施している。特に、その先駆者である航空界ではパイロット、整備士の資格維持の必要条件ともなっている。

　上記、三つの教育・訓練は組織の責任、方針で実施している。ただし、その成果に影響するのが各個人一人ひとりの SD（Self-Development：自己啓発、向上意欲、プロ意識等）である。

　組織としては、各個人の自己啓発、向上意欲、プロ意識にも焦点をあてた教育・指導も組織た実施する教育・訓練の効果を上げるうえでも大切なことである。

③基本・確認行為の徹底

　航空界も含めて、どの業種においても、事故・インシデント・ト

ラブルの要因の80%以上に、誰でもできる基本的なことや確認行為の逸脱や不足が関与している。

航空機事故やトラブルが発生すると、各メディアの報道番組に出演してコメントをする機会が多い。その度に、事故、インシデントの要因の可能性として、基本・確認行為の大切さを強調せざるを得ない事例が続いている。

リスクマネジメントの各段階で最も重要な未然防止の要諦は「愚直なまでに基本・確認の徹底」である。

④コンプライアンス（法律・規則・規定類等の社会規範の遵守）

「規則を守れ」、「マニュアルを遵守しろ」とよく言われる。これは、規則やマニュアルを守ることが目的ではなく、あくまで安全の確保、トラブルを発生させないという目的のための手段である。規則・マニュアルを遵守するというコンプライアンスは、未然防止の要諦である「基本・確認の徹底」にも含まれる重要な課題の一つである。

規則・マニュアルなどの規定類をただ「守れ！」といってもなかなか守れるものではない。「なぜ、それを守ることが大切か」を考えて、その大切さ、守らなかった場合の怖さに気づくことである。

⑤暗黙知を活かす

我々が現場で仕事をするうえでの知力を筆者は「実践知」と呼んでいる。その実践知は三つからなっている。文字や図形などで表せる形式知、身体で覚えた身体知、文字ではな

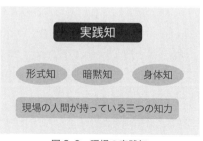

図3-9　現場の実践知

かなか表現しにくい知恵などの暗黙知である。

　法規・規定・マニュアル類などは形式知になる。過去の悲惨な事故や先人たちの貴重な経験や経験をもとにした知恵などを文字にした事柄が多く記述されている。身体知は自転車の乗り方、パソコンや携帯・スマートフォンの入力など文字通り身体で覚えたものである。パイロットに関していえば、横風時の着陸操作などがある。

─ COLUMN ❺ ─────────────────

ぜひ読んでいただきたい『航空法』の本

　安全の確保、危機管理の基本中の基本に法の遵守がある。航空界で働く者として、航空法を理解し、それに則って業務をすることがベースとなる。

　航空法も含めて法律や規定類というものは、読んでも面白いと感じるひとは少ないのではなかろうか。試験の時だけ真剣に読んで覚えるというのが、一般的ではなかろうか。しかし、航空法は日常業務、フライトではよく理解しておくことが必要条件である。

　この本は、池内宏氏著の『航空法─国際法と航空法令の解説─』である。技術の進歩、社会情報の変化により、航空法、同施行規則も改正される機会が多くなった。2016年1月に発行されて以来、改訂版、さらに現在「2訂版」が発行されている。同書は単なる航空法の解説にとどまらず、機長として、操縦士協会の理事としての豊富な経験をもとに、現場の従事者の身になった解説がされている。各章毎には演習問題が用意されていて、この演習問題に挑戦することにより、航空法の理解がより深まるように工夫されている。

　暗黙知は、自分自身の体験・経験で得たものの他に、先輩や人から聞いたこと、他人の仕事ぶりから「盗み取った」もの、格言で言い伝えられていることなどで、文字ではその本質を表現することが難しいものである。

　今、どの業界においても、現場でつまらない事故・インシデント・トラブルが発生している要因の一つに「暗黙知」が伝承されにくくなっていることが指摘されている。

　筆者は、機長昇格を目指しているパイロットの教育において、月に一度は規定類を読むように指導してきた。その目的は、規定類を一字一句記憶することではない。読んでいて「あ！そうか！」、「だからこのように決まっているのだな！」、「このような手順になっているのか！」と気づいたときが、面白くもない規則やマニュアルが暗黙知として蘇る瞬間であるのだ。

　人に偉そうに指導する以上、自分でも定年までこれを続けてきたが、読み返す度に「ああそうか！」と新しい気づきがあった。

　現代の規定類も、昔の武道や芸道などの「極意書」もよく読んでみると、ほとんど当たり前のことしか書いてない。ということは、今も昔も当たり前のことほど大切であることにも気づくのである。

　法規・規定・マニュアルは現場の人間にとって「極意書」である。ただし、それが本当の意味で「極意書」となるためには「ああそうか！」と気づき、納得して行動に移ったときであることを忘れてはならない。

⑥情報の共有と事例研究

　一人の人間、一つの企業組織が把握できる情報は限られている。そこで情報の共有が重要になってくる。

　さらに、一般に「情報の共有」と言われていることには大きく分けて次の六つがある。

1）データの共有

　どの空港に霧などの視程障害現象があるか、どの時間帯に航空便数が多いか等のデータをもとにさまざまな対応策をとる際等に活用される。

2）情報の共有

　他社、他国でのインシデント・事故についての情報を共有し、再発防止、未然防止等に活かすために共有する。

3）知識の共有

　航空従事者、関係者として知っておくべき知識、新しい機材、システムのついての知識、改定された法、規則、基準等の知識を共有して、関係者が同じ知識レベルで活動する。

4）知恵の共有

　「情報の共有」が目指すことは、データ、情報、知識が知恵にまで昇華することである。航空界に限らず、現代においては、想定外のことが発生する場合がある。

　想定外とは、過去のデータ、情報、知識では対応できないことを意味する。そこで本領を発揮するのが知恵である。

　ここで筆者の経験の中から暗黙知が活かされた事例を紹介したい。DC 10 という 3 発機の機長として乗務していた当時のことである。タイのバンコク空港からインドのデリー空港に向かって、ベンガル湾の上空を飛行中、油圧システムの液が減少しはじめた。DC 10には三つの油圧系統があり、その時のトラブルになったシステムは、離着陸時に使用するスラットという高揚力装置や着陸装置を作動させる油圧システムの中でも一番重要な No.3 というシステムであった。

　デリー空港、バンコク空港の気象、滑走路、空港の施設など総合的に考えてバンコク空港に引き返す決断をした。故障時操作の

チェックリストでは、トラブルになった油圧システムが完全に不作動になった場合か、不作動にするまでの手順しかない。定期訓練や審査も同様であった。DC 10 の油圧システムの中でも、最も重要な No.3 システムが不作動だとスラットが使用できず、着陸速度が60 ノット（時速 100 km）も速くなる。しかも着陸装置も自重で降ろすというリスクがあり、かなり厳しい状況になった。幸い、トラブルになった油圧システムの油液は少し残っていた。そのとき、以前、先輩から聞いていた話を思い出した。

サンフランシスコ空港を離陸した DC 8 型機のエンジンが大きく損傷した。それがもとで油圧のパイプを切ってしまい、油液がどんどん減少したため、チェックリストを実施して油圧システムを不作動とした。DC 8 型機は油圧がなくても、ケーブルでもなんとか操縦できる飛行機であった。しかし、ケーブルだけでは、反応が遅く操縦桿を動かすのにも大きな力が必要で、機長と副操縦士の二人がかりでようやく操縦できる状態であった。そこで大きく旋回する必要があるサンフランシスコ空港に戻るのではなく、対岸のオークランド空港に緊急着陸することになった。

やがて機長、副操縦士の二人がかりの力でも持ちこたえられなくなった時に、航空機関士が、残った油圧液のスイッチを瞬間的に入れ、油圧の力による操縦に替えて飛行機の姿勢を立て直す、という

図 3-10　DC 10 機長時代。右はサウジアラビアのジェッダ空港

ことを繰り返して、なんとか無事にオークランド空港に着陸したという。

　筆者も、スラットを作動させる時と、着陸装置を出す時だけ、航空機関士に油液のスイッチを入れて貰い、油液がゼロになる前に、無事にバンコク空港に着陸することができた。これは、先人からの情報が知恵になり、その知恵に助けられた事例である。

5）ヒヤリ・ハットなどの自発的報告制度の充実

　（自発的報告の活用は第3章を参照詳細）

6）透明な組織作り

　不都合なことは、知られたくないのが人情である。このためトラブルや不都合な情報は放っておけば隠したがる、隠れたがるという性質がある。しかしそのままにしておくと、同じようなことが繰り返し発生してしまう可能性がある。

　それを、あえて積極的に公開し、情報を共有することで、再発防止、未然防止にも活用できるようになる。公開することにより、非難を受けることも、不利益を受けることもあるだろう。しかし、そうした悔しさを味わって、二度とこのようなことがないように、必死に改善に取り組むようになる。透明性というものは辛いが、必ず強くなるはずである。

　また、公開することにより、マスコミから批判される場合もあるが、公開せずに、後から報道された場合は、「隠蔽した」、「隠蔽体質」とさらに大きく報道され、大きなダメージを受けることがある。透明性のある組織は、当然傷を受けることもあるが、その傷は浅い。企業の将来性を厳しくみている投資家からは、透明性のある企業の方が評価される。

(3) 被害局限対応

　前述したように情報を共有するなどの手段で、未然防止に尽くしたとしても不幸にもトラブルが発生することもある。

　しかし、ここでも以下のような活動を通じて、被害を最小限に止めることが大切である。

①正確な状況の把握（状況認識）

②傾向のうち、小さなトラブルのうちに対応

③緊急度の判断と重要度の選定

④誰か一人は日常業務のモニター

⑤組織としては常日頃から連絡網の整備と初動体制の迅速化の構築

⑥監督官庁（国土交通省）への報告

⑦メディア対応

(4) 回復（復旧）

　トラブルや被害を最小限に止めたあとは、回復（復旧）に務める。それには誠意ある対応を中心にした信頼と安心への取り組みが肝要である。

　回復に必要な対応には次のようなものがある。

①迅速な対応

②情報公開

③信頼と安心感の回復にとって何が重要かの検討

④検討結果による項目について誠意ある対応

(5) 事後処理と再発防止（Reactive Safety）

　回復に努めたあとは、同じようなトラブルや事故が二度と起こらないよう、再発防止のために検証を行う必要がある。原因は何だったのか、未然防止策に誤りはなかったのか、再発防止のためには何

が必要か、これらを一つひとつ検討していく。

①当事者、関係者へのヒアリングと報告書の提出

②原因の究明と再発防止策の策定（見直し）。ここで大切なのは「誰が」の視点ではなく「何が」の視点（非懲戒制度の導入も）

③情報公開と情報の共有と事例研究

④未然防止策の再検討

⑤必要に応じて再訓練等

COLUMN ❻

成田空港開港日に着陸

　1978年5月31日に成田空港が開港した。予定では3月だったが、過激派が管制塔に侵入して管制機器類を破壊したため2か月ほど延びたのである。開港当日に最初に成田空港に着陸したのは、JALのDC8の貨物便だった。筆者はジャンボの副操縦士で、ロンドン—コペンハーゲン—アンカレッジ—成田を乗務して、開港日当日、ジャンボとしては最初に成田空港に着陸した。着陸して滑走路から誘導路に出たところで、管制官に "Congratulation on your opening" と開港のお祝いを述べた。乗客の皆様には、開港日の搭乗記念証を配布した。ちなみに機長は越前松平藩主の直系の当主で松平忠永キャプテンであった。

松平忠永キャプテンのサイン入り搭乗記念証

3.8 リスクマネジメントに関わる両輪のスキル

(1) 安全を支える両輪のスキルのバランス

　世の中にはいろいろな業種や職種があり、それぞれの専門分野特有のスキルがある。また、業種、職種に関わらない普遍的なスキルもある。専門分野のスキルをテクニカル・スキルといい、普遍的なスキルをノンテクニカル・スキルという。

　安全を確保するためのリスクマネジメントでは、この両者がバランスして発揮されることにより、安全で質の高い業務を遂行することが大切である。

(2) テクニカル・スキル

　スキルとは物事を行うための能力のことであり、教育や反復訓練等を通じて身に付けた能力のことをいう。技能とほぼ同義で用いられる。航空従事者のライセンスは、航空分野における専門分野の職務を行うのに必要なスキルを有していることの証明である。

　「事業用操縦士技能証明書」「定期運送用操縦士技能証明書」「一等整備士技能証明書」「航空工場整備士技能証明書」などは、それぞれの職務を遂行するうえで必要とされる専門的な知識や、業務処理能力を指している。

(3) ノンテクニカル・スキルの導入と進化

　テクニカル・スキルが優れていれば、安全を確保して質の高い業務を遂行できるかといえば、現実には必ずしもそうではない。このことは、これまで航空界でも多くの悲惨な事故が起こっていることが証明している。

　第二次世界大戦後、技術の進歩、航空従事者に対する教育・訓練の進歩、航空管制等により事故率は減少してきたが、1970年代になると事故率が横ばいとなり、航空機の数、フライトの数が増大するにつれ、事故件数も増加していくことが予想されるという危機感から、事故原因を究明した結果、パイロットのヒューマンエラーが事故の要因の多くに関わっていることが判明した。

　航空先進国であるアメリカで、NASAや航空会社、研究機関が共同でヒューマンファクターの視点からその対策を検討した結果、運航乗務員のテクニカル・スキルに加えて、運航中に人的資源も含めて操縦席で使用できるすべての資源を使って安全を確保するマネジメントとして、CRMが考案された。1980年前半からアメリカの航空会社がこのCRMを導入しはじめ、日本でも1980年半ばから日本航空、全日空で導入されて、CRMが運航乗務員の資格維持要件になるとともに、現在では新規航空会社も含めて、すべての航空会社で導入されている。その後、運航乗務員だけでなく、運航に関わるすべての関係者にもResource Managementの必要性が認識され、CRMもCockpit Resource ManagementからCrew Resource Managementへと変更され、整備士、客室乗務員、運航管理者、管制官にも導入されてきた。

　CRMはその後、航空界だけでなく、医療界をはじめ安全に関わる各業界でも取り入れるようになった。人間である以上、ヒューマンエラーを少なくすることはできてもゼロにはできないという認識に立ち、たとえ、ヒューマンエラーが発生してもチームとして、事故やインシデントを防ぐマネジメントを発揮するための、コミュニケーション、チーム形成と維持、状況認識、仕事の分担、問題解決などのスキルが、どの業界においても重要性が高まってきている。

　これらのスキルは業種・職種に関わりなく人間として普遍性があ

る。専門分野での職務遂行能力のテクニカル・スキルに対して、ノンテクニカル・スキルと呼んでいる。ヒューマンスキルと呼ぶ場合もあるが、最近では航空界も含めて、各業界ともノンテクニカル・スキルという用語を使用することが一般的になってきている。

CRM、ノンテクニカル・スキルに関しては、航空界が先駆しているためか、各業界の企業や医療界からこれに関連するテーマで講演の依頼を受ける機会が多くなっている。

航空界の CRM、ノンテクニカル・スキルは導入以来、以下のように進化を続けている。

第一世代：個人の行動改善

第二世代：個人の行動からチーム力へ

第三世代：CRM 領域の拡大へ

第四世代：CRM の手順化

第五世代：エラーマネジメント

第六世代：スレット＆エラーマネジメント

（スレットとはヒューマンエラーを発生しやすい要因のこと）

スレット＆エラーマネジメント（Threat and Error Management）はすでに多く航空会社によって導入、活用されており、運航の安全確保の一般的なツールとなっている。

2006 年の ICAO の付属書の改定により乗員のライセンスの要件に加えられた。さらに 2011 年からは整備部門にも適用され乗員以外でもスレット＆エラーマネジメントが業務上の要件となり、世界的に安全確保のためのリスクマネジメントの主流になってきている。

(4) 包括的な安全管理の中でのスレット＆エラーマネジメント

スレット＆エラーマネジメントを実施して安全を確保するには、CRM スキル（ノンテクニカル・スキル）を駆使することが必要で

ある。

　さらにスレット＆エラーマネジメントは、CRM スキル（ノンテクニカル・スキル）をはじめとして Procedure（手順）、TCAS や GPWS（Ground Proximity Warning System：対地接近警報装置）などのあらゆるリソースを含む包括的な安全管理の概念という認識が、ICAO の付属書に示されるようになった。

　このことは、「安全」というものは、これを実施すれば安全だというものではなく、使えるリソース（資源）はすべて使って安全を確保するのだ、という考え方が一般的になってきた証でもある。

COLUMN ❼

幻の SST 第 1 期生

　1968 年 5 月に、筆者は海外委託の第 1 期生として入社した。当時、日本航空はアメリカの超音速ジェット SST とフランスと英国が共同開発したコンコルドをそれぞれ 3 機発注していた。入社して、まだ右も左も分からないパイロットのひよこの我々同期生に、会社から「君たちは SST の第 1 期生」だと言われた。コンコルドに関しては、実際に製造され、日本航空の試験飛行室長がフランスに行って操縦したこともあるが、結局購入せずに終わった。SST は、計画の段階で中止となり、"SST 第 1 期生" は幻に終わった。

幻となった超音速ジェット SST（左）と JAL のコンコルド（右）

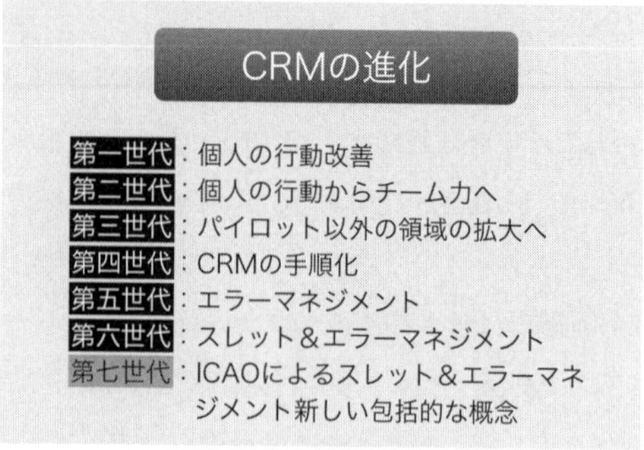

図 3-11　CRM の進化

近年の航空機の事故の要因は、機材の故障による事故よりも、機材は故障していなくても、乗員の状況認識、役割認識とその遂行、コミュニケーションなどのノンテクニカル・スキルの不具合によるものが多くなっており、ノンテクニカル・スキルの重要性がより高まってきている。

(5) ノンテクニカル・スキルと EQ

　航空界で取り組んでいる主なノンテクニカル・スキルであるコミュニケーション、チーム形成と維持、状況認識、仕事の分担、問題解決などのスキルは、ヒューマンスキル、あるいはソーシャルスキルとも表現されることがある。これは、EQ（Emotional Intelligence：心の知能・心の豊かさ）と深く関わっている。

　たとえば、作業中、相手に何かをオーダーする場合、一方的にオーダーするのではなく、相手の業務のタイミングを考えてオーダーする。問題を解決する際にはみんなの意見を聞く。そして、誰が正しいかではなく、何が正しいかという視点で解決に臨むことなども、ノンテクニカル・スキルである。このノンテクニカル・スキルにも留意することにより、チーム力を発揮でき、安全で質の高い

仕事（パイロットに当てはめると、フライト）ができる。

　ノンテクニカル・スキルを向上させることにより、EQ 指数（Emotional Intelligence Quotient）の値が高くなる。EQ 指数が高い人は、ノンテクニカル・スキルを活用して人間関係も仕事もうまくいく。一般にビジネス社会において、仕事の成果は EQ が 75％以上関係すると言われている。

　航空界でも EQ が高い人は、周囲の人との調和をとりながら、それぞれの能力を引き出すことができ、総合的にみて良い成果を上げていることが多い。

　逆に、テクニカル・スキルは優れていても、ノンテクニカル・スキルにはあまり配慮せず、EQ が高くない人は、知識もあり技量も素晴らしいレベルにあっても、周囲の人たちが協力しにくい雰囲気があり結果的にチームとしての仕事の成果は芳しくないものとなってしまうことが多い。

　ノンテクニカル・スキルを発揮するには、EQ について理解しておくと、CRM スキル、ノンテクニカル・スキルがより身近なものになる。

(6) EQ の大切さ

　EQ は 1990 年にアメリカのイエール大学のピーター・サロベイとニュー・ハンプシャー大学ジョン・メイヤーの二人の学者によって提唱された。その後、1995 年にダニエル・ゴールマンが『Emotional Intelligence–Why It Can Matter More Than IQ』日本語訳「EQ―心の知能指数」を発行した。アメリカにおいてビジネス、人生において EQ の大切さが認識されるようになった。

　日本では、1998 年 11 月に東京ではじめて EQ についてのシンポジウムが開催され、全国から人事担当役員、人事部長、総務部長

等500名以上が参加した。当時、筆者は運航安全推進部長であったが、CRMが導入されて以来、CRMは人間力と深い関係があるのではないかと思っていた。EQは人事担当者に限らず、安全に関しても活かせるのではないかと考え、自費で参加した。

　EQはチーム力を発揮して運航の安全を確保するうえでも、必要な要素であるということを、シンポジウムに参加することにより確信を得た。その後も、EQについての勉強を続けてきた。そして、機長昇格前セミナーの中で、機長昇格訓練に投入されるパイロットに、EQについての講義もしてきた。

　その目的は、機長業務というものは、離着陸を含めた操縦は最も重要な業務であることに変わりはないが、それは必要条件の一つであって、十分条件ではない。正確な状況認識、予測に基づく判断、操作、リーダーシップ、リソースマネジメント、決断力など、総合的な人間力が安全な運航にとって欠くことのできない要素であるという認識からである。これらはすべてEQと深い関わりがあるという確信のもとに実施してきた。

(7) 安全確保にも関わるEQの三つの知性

　EQを構成する知性には次の三つがある。

①心内知性（Self-Concept）

②対人関係知性（Social Skill）

③状況判断知性（Monitoring Skill）

　この三つの知性を具体的、かつ簡潔にいえば、目的意識を持って自分自身の状態を認識し、自己コントロールができること、コミュニケーションも含め、他人との協調に気配りしながら業務を遂行すること、そして、問題意識をもって、状況を正確に認識することを心掛けることである。

図 3-12　安全確保にも関わる EQ の知性

(8) EQ の高い人は

　EQ が高いと、バランス感覚、共感力、状況認識に優れ、チーム力を発揮することができ、ストレス耐性も高く、トラブルに直面した時も、的確に状況を把握して冷静に行動をとることができる。EQ を高くすることは、人生を豊かにするだけでなく、現場における業務の安全性を高めることにもなるのである。

　一般的に知能指数と呼ばれている IQ は、先天的要素が大きいのに比べ、EQ は本人の努力、教育・指導、環境などの後天的な要素がほとんどで、かつ何歳になってもこれを高めることができるのである。

　最近の国内外で起こっている航空機事故、インシデント、トラブルの要因は、機材そのもののトラブルより、状況認識、役割意識、役割遂行の不具合というノンテクニカル・スキル、ひいては深層部分において、EQ が関わっていると推察されるだけに、多くの人に EQ にも関心をもって貰いたい。

第4章　ヒューマンエラー対策

4.1　安全対策はヒューマンエラー対策が鍵を握る

　現在の航空機は多重防護の安全対策が施されており、一つだけの不具合事象だけで事故になることは稀である。いくつかのトラブルや不具合が重なって事故に結びつくことが多い。それを示したのが、「スイスチーズモデル」である。

　スイスチーズには、「眼」と呼ばれるいくつかの穴が空いている。穴がたくさん空いたチーズのスライスを、何枚も並べて光を当てたとき、穴が重ならなければ光は見えないが、穴が重なると光が漏れて見える。この穴が重なって光が見えたとき事故が起こる。

　チーズの穴は、機材の故障、悪天候、ヒューマンエラー等で、一定ではなく、その時々によって変化する。

　事故の要因としてのトラブルや不具合で一番多いのがヒューマンエラーで、事故の要因の 70〜80% が何らかのかたちでヒューマンエラーが関与している。

　ヒューマンエラーが直接の原因ではなくても、設計、製造の時点

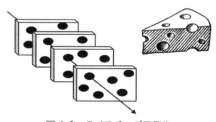

図4-1　スイスチーズモデル

での不具合、整備不良、故障に起因する機材の不具合、天候の悪化、管制官とのコミュニケーションの不具合等がきっかけとなり、それらの要因にパイロットのヒューマンエラーが重なって事故に至るケースが多いのである。

航空機事故の要因に関わるヒューマンエラーには、パイロットだけではなく、設計、製造、整備、運航管理、管制などの部門にもあるが、事故は飛行中を含めて運航の段階で発生するために、パイロットのヒューマンエラーが結果的に事故に結びついてしまい、クローズアップされることになる。

技術の進歩でエンジンを含め、機材、各システムの信頼性は格段に高まってきている今日、安全対策の最重要課題はヒューマンエラー対策となる。

4.2　ヒューマンエラーとは

ヒューマンエラーとは JIS（Japanese Industrial Standards：日本産業規格）では、「意図しない結果を生じる人間の行為」と規定されている。機械の性能は製品として出荷されたものは、同じ製品であるならどれも同じで、かつ、どんな状態でもほぼ一定の性能を維持している。

しかし、人間はある基準以上の技量レベルを有して、ライセンスを保持している者であっても、その時の状況、状態によっては同じパフォーマンスを発揮できるとは限らない。それは、どんなに優秀と言われる人でも、どんなに一生懸命に頑張って業務に打ち込んでも、一定の能力、注力、集中力を維持し続けることは不可能である。そのために、自分では意図しない結果を生じることがある。つまりヒューマンエラーを発生してしまうこともあり得るのである。

これは、人間が人間である以上、避けて通れない現実であり、永

遠の課題でもある。

4.3　具体的なヒューマンエラーと対策

　ヒューマンエラーをしようと思ってする人は誰もいない。しかし、意図しないにも関わらずヒューマンエラーを起こしてしまうのには、さまざまな要因がある。その主なものには次のようなものがある。

(1) 知識、技量不足

　航空従事者は国家試験に合格している者であり、基本的には、それぞれの航空業務に関わる最低限の知識と技量を有しているはずである。ただし、それは国家試験を受ける時点での知識と技量のレベルである。そのレベルを維持、向上するためには、常に知識のレビュー、技量の維持・向上の努力が必要である。また、システムも日進月歩で技術革新している、規定類も改定がある。定年まで知識・技量の維持向上を怠った場合に、ナレッジベースまたはスキルベースのヒューマンエラーとなって現れることがある。

(2) 思い込み・錯覚・一点集中

　思い込みや錯覚は誰にでも生じやすいヒューマンエラーの一つである。パイロットに関してその事例を挙げると、管制官からの管制承認の内容が、いつもと異なる承認内容がきた場合でも、口では管制官から発せられた承認内容を復唱したのにもかかわらず、行動は思い込みで、いつもと同じ行動、操作をしてしまうことがある。

　錯覚は、目で見る時に起こりやすい。夜間フライトの時、明るいものは近くに、暗いものは遠くにあるように錯覚しやすい。パイロットの眼の錯覚で、最も注意すべきケースで、場合によっては危険に近づいてしまい、最悪の場合には事故に至る錯覚がある。

　低視程の気象状況下での最終進入の段階で、雲や霧の中から滑走路が見えた瞬間、着陸するには高度が高すぎると錯覚することがあ

る。そこで機首を下げて降下率を大きくして、結果、既定の高度よりかなり高度が下がってしまい、進入灯や、滑走路の手前に衝突してしまう。この錯覚のヒューマンエラーは、アヒルが頭を下げて水に潜る姿に似ているため、ダックアンダー（Duck Under）といい、パイロットの間では、厳しく戒めているヒューマンエラーである。

　一点集中によるヒューマンエラーも、だれもが生じやすいものの一つである。仕事によっては、一点に集中して正確な仕事をする必要があるものがある。また、どの仕事でも一点に集中して行う時もある。しかし、複数のものをみて総合的に判断する場合や、全体をみて判断する場合に、必要以上に一点集中していると、勘違い、思い込みというヒューマンエラーに堕ち込みやすい。

　パイロットが、このヒューマンエラーに陥りやすいケースとしては、操縦席内で計器だけに集中していて、外を見ていない場合、一つの計器だけに長い時間一点集中している場合、滑走路や外だけを見て、計器をほとんど見ていない場合に生じやすいヒューマンエラーである。

(3) コミュニケーションエラー

　コミュニケーションエラーは業種・職種に関わらず最も生じやすいヒューマンエラーの一つである。トラブル、事故、インシデントの要因に何らかの形でコミュニケーションエラーが関与しているケースが多く発生している。コミュニケーションエラーを防ぐための確認会話の大切さなどについては、第5章の5.10の危機管理とコミュニケーションの項を参照されたい。

(4)「急ぎ」症候群

　飛行機を利用される乗客は、ある意味では時間を買っている。また、航空会社も公共交通機関の一つであり、定時性という大きなテーマが課せられている。

　飛行機は鉄道と違って、気象をはじめ、乗客、手荷物、搭載貨物のセキュリティ検査、同時間帯の他の便との競合等、定時性を維持することが難しい要因が多くある。特に、遅れている場合、他社便と競合している場合は、どうしても「急ぐ」心理が働きやすい。これを「急ぎ」症候群という。この心理が強く働くと、大事なチェックリストや必要な手順を実施することが抜けてしまう可能性がある。あるいは、実施はするが、急ぐ余りついつい加減になってしまう可能性がある。

(5) 多重作業

　一度に多くの作業が重なるときに生じやすいヒューマンエラーである。パイロットの業務では、混雑した空港に進入・着陸する際に、実施すべき多くの操作、確認作業、チェックリストの実施、管制官とのコミュニケーションが重なる場合などに、生じやすいヒューマンエラーの一つである。

(6) 動作・作業の簡素化（近道本能・省略本能）

　業務に慣れてくると、これを省いても大勢に影響はない、と判断して、必要な手順を実施しない誘惑にかられやすい。また急いでいるときも、こうした心理が働きやすい。

(7) 単調反復動作・作業による意識低下

　動作の・作業の簡素化、単調反復動作・作業による意識低下は仕事に慣れてくる頃に生じやすく、注意すべきヒューマンエラーである。筆者自身、機長に昇格して3〜4年した頃、操縦席のあるスイッチを、自分では意識せずに正規の位置にセットしてあることをチェックリストで気づいたことがある。慣れた作業は、それほど意識をしなくても操作できてしまう。しかし、これが危険を伴うことがある。無意識に操作したスイッチ類が、操作すべきスイッチの隣のスイッチであった場合、操作すべきでないときに無意識に操作し

た場合には、トラブルに結びつくことがある。筆者のケースでは、無意識に操作したスイッチが、たまたま正規のスイッチであったことと、最終的にチェックリストでもカバーできていたことが幸いであった。

(8) 睡眠不足・疲労・疾病・飲酒

　飲酒に関しては、厳しく規定を遵守することは当然である。飲酒に関して厳しい自己管理ができないことになれば、パイロットの場合、その資質にも関わることになる。

　飲酒問題については、第8章のリーダーとして機長に求められる条件の項で詳しく述べることにする。

　疾病については、乗員は原則として、疾病の場合は乗務に就くことができないため、他の乗員と交替するか、会社の乗員の健康管理担当の医師と相談して乗務の可否を判断する。

　乗員は健康に関しても、厳しい自己管理が求められており、乗務に際しては、万全の状態で臨むことが望ましい。しかし、そうはいっても生身の人間である以上、睡眠不足のことも、疲労が溜まっていることだって当然ある。このような場合は、注意力は通常より低下しがちで、その結果ヒューマンエラーを生じやすくなる。

　ここで、大切なことは、こうした状態で乗務した場合は、今日はヒューマンエラーを生じやすいということを自分自身に言い聞かせて、より慎重な操作、確認をすることである。さらに、睡眠不足、疲れが溜まっていることを周囲のメンバーに対して、口に出して言う勇気である。そうすれば、お互いに注意し合って、ヒューマンエラーを防ぎ、たとえヒューマンエラーが生じても、誰かが早めに気づいて修復すれば、トラブルに至らずにすむ。

　国際線の長距離フライト、国内線で1日に何回もフライトを繰り返している際には、当然疲労が蓄積して、注意力が低下している

ことを意識して、疲労による注意力の低下によるヒューマンエラーを防ぐことが大切である。

　疲労管理については、第8章のリーダーとして機長に求められる条件の項で詳しく述べることにする。

(9) 緊急時の慌て・パニック

　トラブルや突発的なことが起こった際に、すぐに飛びつく場合に生じやすい。また、経験の少ない者にも陥りやすい。

　定期訓練等の機会にしっかりと身に付けておく、事例研究、他の人の経験を聴くなどの努力をする。フライト中に突発的なことが生じでも、一部の緊急操作を除いて、2、3秒「間」をおいてから、操作する、ゆっくりとしゃべるといった工夫をすることにより、この種のヒューマンエラーを防ぐことができる。

　では、自分が意図しない結果を生じてしまうヒューマンエラーを防ぐには、どうしたら良いであろうか。その対策としては、次のようなことが考えられる。

①知識・技量の維持向上

　知識や技量が不足していれば、意図しない結果を招くことは当然である。航空従事者としてライセンスを保持していても、それは、ライセンスを取得する際の知識と技量が基準を満たしていたということに過ぎない。組織としての教育・訓練制度の充実、改善とともに、各個人のプロとしての知識・技量の維持向上に向けての自己管理が、ヒューマンエラー対策の基本中の基本となる。

②愚直なまでに基本、確認行為を徹底（当たり前のことほど大切に）

　業種・職種にかかわらず、事故、インシデント、トラブルの要因として最も多いのが、誰でもできる基本的な事が抜けてしまうことや、確認不足である。基本的な事や確認行為は誰でもできる簡単な

ことである。

　1回や2回、10回や20回くらいはやろうと思えば、誰でもできる。しかし、100回も続けること、1年を通してこれを確実に実行するとなると、単に「基本・確認の徹底を」と言うだけでは不可能である。愚直になってはじめて可能となる。安全に携わる者は、スマートさより愚直さが求められる所以である。

③ヒューマンエラーを発生しやすい要因（スレット）の洗い出しと
　その対策

　ヒューマンエラー対策には、どの業界も苦労をしており、さまざまな知恵を絞っている。航空界は、ヒューマンエラー対策でも先駆しているが、そのなでも特に運航の安全にとって最終段階を担う運航乗務員に対しては、Proactive なヒューマンエラー対策としてThreat and Error Management というマネジメントが取り入れられている。スレットとは、ヒューマンエラーを発生しやすい要因のことをいう。

　Threat and Error Management の最初の段階である Threat Management では、ヒューマンエラーを起こしやすい要因を洗い出し、その要因を排除することが可能であれば、あらかじめ排除する。排除できなければその影響を軽減する措置をとるマネジメントを行う。

　ヒューマンエラーを発生しやすい要因のスレットとしては、悪天候などの予期できるスレットと、上空での機材故障など、予期できないスレットの分類がある。誘導路など空港施設の複雑さや工事中などといった外部要因のスレットと、疲労やストレス、人間関係など内部要因のスレットの分類方法がある。

　こうしたスレットを具体的に洗い出す作業をするだけでも、ヒューマンエラーに対する警戒心が高まり、ヒューマンエラーを減

らすことに寄与する。

④規定類やマニュアル・手順書の遵守

　規定類やマニュアル類はそれを守ることが目的ではなく、安全で確実な業務を遂行するための手段である。ただ単に「マニュアルを守れ」と言っても、必ずしも遵守するとは限らない。なぜ規定類やマニュアルに書いてあることを守る必要があるかを理解していないと、形式的に実施するか、言われたからやっているということになり、自主的に遵守するには至らず、いつの間にか無視してしまうことが有り得る。

　規定類やマニュアル・手順書類は、先人達の貴重な経験や悲惨な事故の教訓をもとに、策定されている部分が多い。規定類やマニュアル・手順書の遵守という行動も、それを守ることの大切さ、守らなかったらコワイという動機がポイントとなる。

　動機付けとなる一つの手段として、それを読んで「なぜこう書いてあるのか」と考えて、「だからこのように決まっているのか」、「ああそうか！」と気づくことが大切である。「ああそうか！」と気づいたときにはじめて、人から言われなくとも、規定類、マニュアル類に書いてあることを、意味を持って自主的に実施できるようになる。

⑤チェックリストの活用（チェックリストは最後の砦）

　人間の記憶は脆いものである。複雑な作業、短時間内に多くの作業をメモリー（記憶）で行うと、抜けが生じてしまうことがある。大事なものについては、抜けがないようにとの歯止めとしてチェックリストがある。昔からパイロット仲間には「チェックリストは最後の砦」という言い伝えがある。

　では、何でもチェックリストの項目を増やせばよいかというと、必ずしもそうとはいえない。項目を増やせば、チェックリストを実

施すること自体が目的になってしまいやすい。注意力を高めて確認しながら実施するというよりも、形式的に実施するだけになり、形骸化してしまいやすい。

　チェックリストの項目は、これを実施しなかったら、間違ったら危険なことになる、大変なことになるということだけに限定すべきである。そして、必要最小限の項目で構成されているチェックリス

図4-2　チェックリストの実施。離着陸のチェックリストは操縦桿（左下）、新機材では液晶パネルのチェックリスト（右下）

トは、必ず実施することはもちろんのこと、注意力、集中力を高め
て実施することを徹底することである。離陸前、着陸前のチェック
リストの項目は少ないが、いずれも安全性に直結する重要なアイテ
ムである。

⑥確認会話の徹底

　トラブル・インシデント、不祥事の要因にコミュニケーションの
不具合が関与しているケースが多い。コミュニケーションの手段に
は Face to Face、電話、メール、手紙の他にボディーランゲージ
がある。その中でも Face to Face が基本であることは、ほとんど
の人が認識しているところである。

　Face to Face によるコミュニケーションは、情報量が多いため
に、他の手段に比べて誤解が生じる割合が少ない。従って、大事な
ことや、トラブルの処理は可能なかぎり Face to Face が望ましい。
Face to Face であっても、送り手と受け手とでは、情報量、経験、
興味等の相違があり、正確な意思の疎通は難しい。そこで、送り手
も受け手も少しでも疑問、不安を感じた場合には、積極的に「確認
の意味ですが〜」という枕詞をつけて確認会話をすれば、相手も気
を悪くすることはない。たとえ、相手にムッとされても、少しでも
不安を感じた場合や、疑問を感じたら勇気を出して確認会話をする
ことにより、コミュニケーションの不具合に伴うトラブルや事故な
どを防止できる。

　特に、慣れた者同士こそ確認会話が大事になる。慣れた者同士が
「いつもそうだから」「そのつもり」でやりとりして、実はそうでな
かったためにトラブルになってしまうケースもある。

　コミュニケーションの不具合が、大事故に至る可能性を含んでい
るのが、パイロットと管制官のコミュニケーションである。従って、
パイロットと管制官のコミュニケーションにおいては"Confirm"

という枕詞を付して確認し合うことが多い。

　ちなみに、パイロットと管制官の確実なコミュニケーションの5Cとして次のようなことを心掛けている。

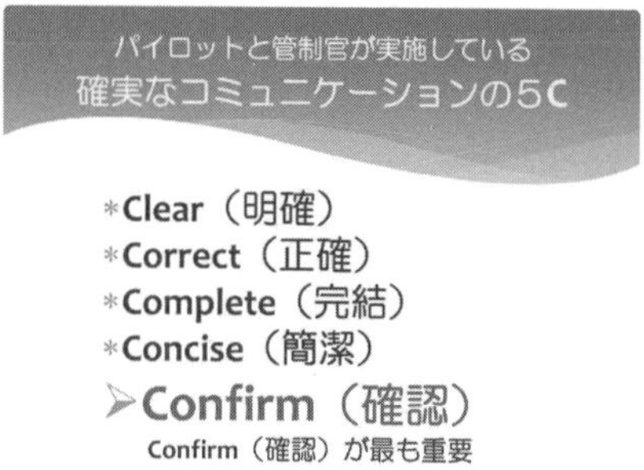

① Clear（明確）

パイロットと管制官が実施している
確実なコミュニケーションの5C

＊**Clear**（明確）
＊**Correct**（正確）
＊**Complete**（完結）
＊**Concise**（簡潔）
➢**Confirm**（確認）
Confirm（確認）が最も重要

図4-3　コミュニケーションの5C

② Correct（正確）

③ Complete（完結）

④ Concise（簡潔）

⑤ Confirm（確認）

　この五つのCの中でも、最も重要視しているのは、Confirmである。

⑦睡眠不足、疲労、疾病の影響対策

　業務には万全の体調で臨むことはプロとして当然である。しかし、それは理想であって生身の人間である以上、前夜夜更かしをしてしまった、寝つきが良くなかったなどの理由で睡眠不足のこともある。疲れが溜まってきている場合だってある。風邪気味で仕事に就くことがある。乗員については、疾病の状態で乗務に就くことは原則としていない。しかし、前夜寝つきが良くなかった、時差調整がうまくできなかった、疲れが溜まっていることなどはある。

　人間は機械やコンピューターのように、発揮するパフォーマンスが一定レベルを保つということはあり得ない。1日のうちでも変化する。まして寝不足、疲労が蓄積している場合、風邪気味等の状態では、注意力や集中力が下がっていることは十分に有り得ることである。このときは、状態が良いときに比べて、ヒューマンエラーが

発生しやすいということを自分に言い聞かせ、一つひとつ地味に作業をすること。そして、勇気を出して自分の状態を口に出して、周囲の人に言うことである。

　日本とアメリカ東海岸やヨーロッパ間の長距離国際路線を乗務した場合、離陸から12〜13時間経った着陸時では、当然パフォーマンスが低下していたはずである。それを意識し、お互いに口に出し、チームワークを発揮してフライトを完遂している。

⑧思い込み、錯覚への対策

　人間は、真面目な性格の人ほど思い込み、錯覚のヒューマンエラーに陥りやすい。また、緊張しすぎると一点集中になり、他が見えなくなることがある。もちろん、一点に集中して行う作業も、状況によっては一点集中して細かく正確に状況を把握する必要がある場合もある。ただ、長時間にわたって一点集中をしていると、やはり思い込みや錯覚をしやすくなる。

　そこで、思い込みや錯覚というヒューマンエラーを防ぐ方法として、物を判断する際には、必ず複数の情報で判断する習慣をつけることを挙げたい。一つだけの情報で判断した場合、その情報が間違った情報であれば、当然間違った判断、行動へと結びついてしまう。

　たとえ、正しい情報であっても、一つの情報だと、思い込みや錯覚に陥りやすい。複数の情報だと、いったんは思い込みや錯覚をしても、別の情報に接すると「あれ、おかしいな？」と気づき、そこでもう一度確認してみよう、調べてみよう、誰かに聞いてみようということになり、結果的に間違いを防ぐことができる。

　一点集中を防ぐ方法としては、意識して首を動かすことを挙げたい。操縦席で機長と副操縦士の姿を、後ろのオブザーブ席から見ていると、二人の違いが顕著に表われているのは、首の動きである。

機長はよく首が動いている。操縦席の中の計器などそれとなく全体を見たり、窓を通して外界も見ている。副操縦士は首があまり動くことがない。計器に視線がいっていることが多い。なぜ機長は首がよく動くかというと、責任の重さと、全体の状況を把握していないとコワイ、という警戒心が身に染みて感じているからである。

　ここで説明した、操縦席の二人を後ろから見た情景は、筆者が気づいた例を紹介しただけであって、必ずしもこのようだとは限らない。

COLUMN ❽

ヒヤリ・ハットについて

　「フライト中にヒヤリとしたこと、ハッとしたことはありませんか」という質問を受けることがよくある。そこで筆者は、「機材トラブルに関しては、定期訓練、審査で経験しているので、自分がコントロールできている限り、落ち着いて対応すればヒヤリとしたこともハッとしたこともほとんどありません」と答えている。そして「乱気流に遭遇したときは、アナウンスをし、座席ベルト着用のサインを点灯させていても、乗客、客室乗務員が怪我をしたのではないか、と常にヒヤリとし、ハッとします」と答えている。

　この種のヒヤリ・ハット体験はラストフライトまで、無くなることはなかった。ラストフライトの往路の中部国際空港を離陸して、巡航高度に達してスムーズな状態になった。我々の10分ほど前をほぼ同じ航路、高度を飛行している先行機も、特に乱気流を報告していなかったので、座席ベルト着用のサインを消灯し、客室乗務員にサービスの開始を許可した。それから30

秒位した時、当然ドドドと大きな乱気流に遭遇した。筆者はすかさず、座席ベルト着用のサインを点灯させて、アナウンスをしてから、客室乗務員に怪我をした人はいないかを確認をした。幸い、座席ベルト着用のサインを消灯した直後で、ベルトを外して、座席から離れた人がいなく、怪我をした人もいないという報告があり、胸をなでおろすことができた。多くのトラブルを経験してきたが、これほど強烈なヒヤリ・ハットを、ラストフライトで経験するとは、最後の最後まで油断ができないのが、フライトであるということを、改めて身をもって知った。

第5章　危機管理の原理原則10か条

5.0　新型コロナから学ぶ危機管理の教訓

　新型コロナは今まで経験したことのない危機への対応である。国や自治体の対応や社会風土から、危機管理の重要なポイントが教訓として読み取れる、これらの教訓はフライトだけでなく、組織運営、経営にも適用できる法則である。特にリーダーにとって、大変参考になる。その教訓には以下のようなことがある。

(1) 何を大切にするかという重要度の選択

(2) リーダーの真価は非常時にこそ表面化する

(3) 平時と非常時の切り替えの大切さ

(4) 非常事態、緊急時では二兎を追うものは一兎をも得ず

(5) 被害局限対応は初動が大切である

(6) 指示は具体的な言葉で

(7) 危機対応は逆算のタイムマネジメントで

(8) 危機対応の意志決定は判断ではなく決断

(9) 最後の「ツメ」が大事である

5.1　危機管理・リスクマネジメントの　　基礎は健康管理

(1) 危機管理・リスクマネジメントと健康管理は同じである

　パイロットという職業は危機管理の専門家であるはず。日々のフライトでどのような状況に遭遇しても安全を堅持することは、まさに危機管理の実施そのものである。その危機管理の本質は、あるいは原理原則と言い換えることができる。従って、フライトで実践し

てきた危機管理の原理原則は、業種職種に拘わらず、普遍的なもの
であり、組織運営、企業・団体の経営にも適用できる。筆者が退職
後は危機管理の専門家として、企業や経営者団体から危機管理に関
する講演の依頼を受けているのも、その証ではなかろうか。

(2) 安全を確保し健康を維持するために

　現場の人間である筆者は、危機管理とリスクマネジメントを明確
に分けて考え、実施しているわけではない。リスクマネジメントの
中でも最も重要な未然防止に力を入れる。この未然防止はリスクが
発生する前に、危険に近づく前に手当てをする。リスクが発生した
場合、危険に近づいた場合は、早めに修正する。

　健康管理も、常日頃の生活習慣に留意して、健康診断等の血液検
査で、リスクファクターと言われる、血圧、血糖値、尿酸値、クレ
アチニン、コレステロール等の値が基準値を外れそうになったり、
危険領域に近づいた場合、食生活、生活習慣を見直し、改善する。
怪我や事故の予防も、危険を意識して行動する。たとえば、車の運
転そのものが常にリスクを抱えていることを意識して運転するだけ
でも、事故を防止することに寄与するはずである。

　筆者がこのような偉そうなことを言えるのは、40歳前後からで
あった。20歳代から30歳代にかけては、乗務以外の日には暴飲
暴食をすることもあった。その頃は定期的に受ける航空身体検査の
結果も、問題なく合格していた。血圧などのリスクファクターなど
まったく気にしていなかった。

　そんな食生活が続いたため、21歳の入社時に58kgだった体重
が、37歳の航空身体検査時には77kgにもなっており、尿酸値、
血糖値も基準値をオーバー。再検査で辛うじて基準値に収まって身
体検査証明を発給してもらえることになった。30歳を越した頃か

らは、リスクファクターが徐々に高い値になりつつあったはずであ
るが、航空身体検査に合格していたのを幸いに、体重の増加などは
まったく気にしていなかった。

　再検査を受けることになって、はじめて危機感を抱くようになっ
た。それからの 1 年間は、アルコールは一滴も飲まず、食事管理
を徹底し、乗務の出先での滞在中も、他の乗員と食事をすることは
やめて、一人で低カロリーの食事に徹した。休日に家にいる時も、
出先でも 1 日 3 時間から 6 時間のウォーキングをして、38 歳の航
空身体検査時には 62 kg まで体重を減らした。

　その結果、血液検査の結果も申し分のない値に下がっていた。た
だ、1 年間で 15 kg も体重が減った筆者の姿をみて周囲の人たちは
「小林君はガンではないか」と陰で心配していたようだ。

　しかし、よく頑張ったと、自分の意志の強さを褒めたのは、つか
の間であった。安心してしまい、またたく間に、39 歳では 77 kg
にリバウンドしてしまった。

　退職後、国土交通省の航空身体検査証明審査会の委員や、乗員の
健康管理に関する委員会の委員も歴任しているが、こうした委員会
で、医師の委員から「航空身体検査は、検査を受けるときの値が、
基準に適合しているかどうかであって、大切なのは常日頃の健康管
理、食生活、生活習慣である」という指摘を聴き、当時の自分の健
康管理に対する姿勢がいかに甘く、いい加減であったかを反省する
ばかりであった。

　体重を 1 年間で 15 kg 減量し、また 1 年間でリバウンドをして
しまったというのは、健康を考えてのことではなく、単に航空身体
検査に合格するためという目的でしかなかった。

(3) 安全確保の習慣（安全文化）と健康維持の習慣（健康文化）

　37歳から39歳にかけて、正しい健康管理の考え方ではなく、単に航空身体検査に合格するという目的でしか関心がなく、そのために健康に関してかなりの危機を経験した。

　日々の生活習慣、食生活、健康に対する取り組み姿勢がいかに大切かに気づき始めたのは、37歳の時の航空身体検査の結果での減量とリバウンドの経験、そして中近東路線の主席を担当することになり、路線の特性上必然的に危機管理を本格的に勉強することになってからであった。

　中近東路線という厳しい路線の責任者として、いろいろなことを経験しているうちに、日頃の考え方、習慣が安全の確保、危機管理にとって何よりも大切であることが分かってきた。健康管理も、航空身体検査を受ける時の値だけに注目するのではなく、常日頃の食事などの生活習慣が大切である、と気づき始めた。

　運航の安全を確保するという危機管理の成果は、行動によって決まる。人間の行動に影響を与えるものは、動機と習慣である。動機は目的意識と言い換えることができる。どんなことがあっても、最悪の事態は絶対に避けるのだ、という強い目的意識である。特に中近東路線は、テロや紛争で多くの人命が失われていたことから、実践的な危機管理を行動に結びつける必要があった。

　今、危機管理専門家として、各方面から危機管理の講演を依頼されているのも、イラン・イラク戦争、湾岸危機など、最も厳しい時期に中近東路線を担当し、身を持って具体的な危機管理を経験してきたことが活きているのではないかと思っている。

　人間の行動に影響を与えるもう一つは習慣である。習慣は、文化ともいうことができる。もちろん学者の先生方からは、文化とはそんなものではない、というお叱りを受けることを覚悟で言わせて頂

いている。現場の人間としては、考え方、行動の習慣も文化と呼んで大事にしたい。

　安全文化を構成する各要素には、考え方や行動の習慣が含まれている。安全を確保して、危機を招かないためには、安全文化の構築が土壌となる（安全文化については第 3 章を参照）。

　健康の維持・増進には、やはり常日頃の生活習慣、食生活習慣が大切であることから、筆者はこれを「健康文化」と呼ぶことにしている。30 歳代までの反省も踏まえて 40 歳頃から「健康文化」として、①食べる、②動く、③寝る、④ストレスコントロール、⑤健康診断を「健康文化」の五原則として、習慣作りをしてきた。

5.2　危機管理は重要度の選定が大切

　危機管理は一言でいえば「大切なものを守るマネジメント」といえる。危機管理は元来、生命、組織、国の存亡に関わるマネジメントである。

　航空機の運航においては、乗客・乗員の生命、安全に関わる重大な事態に陥ることを防ぐマネジメントといってもよい。

　危機というものは、そんなに頻繁にあるものではない。しかしいつ何時発生するとも限らない。危機を招く兆候があるにもかかわらず、何の手立てもせず先送りをしているうちに危機に至る場合がある。危機はこのように、それほど大したことはなかろうと楽観的に構えている場合にも起こり得る。あるいは、当事者の予測の範囲を超えた、いわゆる「想定外」に起こることもある。しかし、常日頃から「何が大切か」を意識していれば、危機になる前の兆候のうちに対応策をとることができる。たとえ、当事者が「想定外」と受け取った事態に遭遇した場合にも、一番大切なもの以外は捨てることを決断し、実行できれば、まず最悪の事態を免れることはできる。

　「この業務では何が大切か」、「今、何が一番大切か」という重要度の選択は、日々の仕事でも危機に陥らないためにもとても必要なことである。

　筆者がまだ重要度の選択が曖昧であった頃の失敗例の一つには、次のようなことがあった。それは、機長昇格訓練に入って間もない頃のことであった。

　成田空港のターミナルから出発して、滑走路に向かって誘導路を地上走行中、次に曲がるべき誘導路を確認しようとして、自分の斜め左下に置いてあるチャートを3〜4秒見ていたところ、教官の機長から「飛行機をなめるな！」と怒鳴られてしまった。その時は、誘導路を確認するためにチャートを見たことくらいで、なぜそんなに厳しく叱られるのか、理解できなかった。

　上空では、自動操縦で飛行しており、外界から操縦席内に目を移してチャートやマニュアル類などを見る余裕はあるが、地上走行はすべて手動で、しかも外界の周囲を目で確認しながら安全走行をすることになっている。地上走行では、外を見ることが一番大切なことで、もし誘導路を確認する必要があるなら、コーパイロットの役割をしている教官に、チャートで確認して貰うか、いったん停止して、自分がチャートで確認すべきである、ということが理解できたのは、それから2〜3か月後になってからであった。

　後年、自分が機長昇格の訓練教官になったときには、重要度の選定が出来ていないパイロットは、進歩も遅く苦労をしていた。どんなことがあっても安全を確保するという危機管理が最重要課題である機長業務には、その時々、その場その場の状況に応じて重要度の選定能力は絶対に必要条件である。

　一般に我々日本人は几帳面、真面目、完璧主義の傾向がある。このことは物造りや細かい仕事、正確性を要求される仕事には大切な

性向である。しかし、こと危機管理に関しては、あれもこれもというわけにはいかない。常に「今、何が一番大事か」という重要度を把握しておく必要がある。

　機長やこれから機長を目指しているパイロットに対して、「通常の運航状態では、完璧なフライトを目指すのは当然であるが、何かあった場合、トラブルや天候が悪化した場合などには、絶対に 100 点満点など目指さず、一番大切なこと以外はいったん捨てる覚悟が大切である」と指導してきた。具体的には「トラブルや悪天候に遭遇した場合には、定時性、快適性、効率性等はいったん捨てる決断があってこそ、安全を確保できるのだ」とも言ってきた。

5.3　危機管理は目的と手段の峻別を

　海外から日本国、日本の企業・団体は戦略がないとか、戦略が甘いという評価を受けることがある。そうした指摘は必ずしも的外れではない。明確な戦略がないために、いろいろと損をしているケースや、失敗をしている事例もある。

　戦略とは目的であり、目的を実現する方法、方策が手段であり戦術である。戦略がない、甘いということは、目的が明確でないか、あっても手段がいつの間にか目的にすり替わってしまっているためである。

　目的と手段を明確に区別して仕事するのと、曖昧にしたまま仕事をするのとでは、成果は数倍から 10 倍も違ってくるという説もある。

　フライトに当てはめてみるとこの説がよく理解できる。フライトは出発空港を離陸して、目的空港に安全に到着するのが目的である。途中の Waypoint と呼ばれる通過点を飛行するのは、目的地に到達するための手段である。航路上の気象状況や管制の指示によって

は、飛行計画上の Waypoint を通過できないこともあるが、目的空港には到達する。

運航の現場にはこんなこともある。昔から「チェックリストは最後の砦」と言われており、その重要性は昔も今も変わらない。チェックリストは運航において、大切な操作に抜けや間違いを生じさせないという目的のための手段として実施するものである。

人間の記憶力、注意力には限界がある。機械やコンピューターのように意識もパフォーマンスも一定ではない。そうした人間の特性を考慮し、確実な操作を実施する目的のために、パイロットの作業、操作はチェックリストという手段で、作業、操作の抜け、間違いを防いでいる。

チェックリストには、大きく分けて2種類ある。一つは、通常操作に関するもので、一連の操作を終えてから抜けや間違いがないかを、チェックリストを実施して確認する。もう一つは、異常時操作に関わるチェックリストである。この異常時操作のチェックリストには、二段階がある。異常な事象が発生した場合に、即対応が必要な緊急性のある2〜3個の操作は、メモリー（記憶）で操作を実施する。それに続く操作はチェックリストを読み上げながら、一つひとつ実施していく。エンジン火災や機内に急減圧が発生した場合のチェックリストがこれである。

しかし、慣れで実施した場合や、疲労が蓄積してくると、通常操作のチェックリストに関しては、実施すること自体が目的になってしまうことがある。チェックリストを実施はするのだが、対象項目を目で見ずに、声だけは正確に答えているというケースがある。目は対象の方向に向いてはいても、意識して見ないために、認識できていないということもある。

また、CRM の重要性が叫ばれているが、CRM は安全で質の高

い業務を遂行するという目的のための手段として実施するのが、本来の在り方である。CRM が大切だと言われて、CRM を実施することが目的になってしまって、それらしく演じているだけ、ということも有り得る。フライトにしても、地上での業務にしても、仕事、作業の目的は何であるのか。そのための手段として、このことをするのだ、という共通の認識をもって臨み、かつ何が大事か、と重要度を選択しながらフライト、仕事をすることにより、確実性があり良い成果が期待できる。そして、不測の事態が発生した場合でも、最悪の事態を防ぐことができる確率も高くなる。

　「目的と手段の峻別」と「重要度の選択」は、仕事の質の向上、危機管理にとってもぜひ、習慣化して貰いたい。

5.4　危機管理とリーダーシップ

(1) 組織や飛行機・船の乗客の運命はトップ、リーダーで決まる

　「組織の運命はトップ、リーダーで決まる」ということは古今東西の幾多の事実が証明している。飛行機の「キャプテン」と、船の「キャプテン」というリーダー次第で一人の犠牲者も出さなかった事例と、300 名以上の死者行方不明を出した近年の事例は、報道で多くの人に「運命はトップ・リーダー次第」という現実をまざまざと見せつけられたのではなかろうか。

　前者は 2009 年の「ハドソン川の奇跡」と呼ばれているサレンバーガー機長であり、後者は 2014 年に起きた韓国のフェリー「セオル号」の転覆事故の船長である。

COLUMN **9**

これまで出会った尊敬する機長

●リソースマネジメントの先駆者でお手本となったK機長

　CRMは、アメリカでは1980年前後から、日本では1985年から導入された。導入教育、定期訓練等を行い試行錯誤を続けながら30年以上もたった今日でも、リソースマネジメントはまだ十分とはいえない。

　しかし、今から半世紀以上も前、CRMが導入される20年以上前に、サンフランシスコ空港を離陸後エンジンが爆発して、油圧による操縦が不能になった事態において、K機長、J副操縦士、B航空機関士、K航空士の四人、そして、管制官の絶妙なリソースマネジメントによって、対岸のオークランド空港に無事に着陸した。筆者が入社する3年前の出来事であるが、語り続けられてきた。このときのK機長たちのリソースマネジメントは、筆者がベンガル湾に上空で油圧トラブルに遭遇し、バンコク空港に引き返し、無事に着陸できた際に大いに参考になった。

●待つフライトを教えてくれたH機長

　筆者がDC 8の副操縦士からB 747（ジャンボ）の副操縦士に移行する際のシミュレーター訓練の担当教官であった訓練部のH機長は、「準備して待つ、準備して待つ」と口癖のように厳しく指導をしてくれた。ジャンボは、今までの飛行機に比べてとてつもなく大きく、慣性もそれに比例する。慣性力の大きな飛行機の運航は、「先を読んで準備し、待つ」ことを心掛け

ることで、飛行機が安定するだけでなく、ミス（ヒューマンエラー）も少なくなる。「待つフライト」は、ハイテク機時代でも通用する、操縦の秘訣を教えてくれたのがH機長であった。

(2) 航空界におけるリーダーシップの変遷

　日本でも、1970年代後半位までは、筆者自身、機長に対して積極的にものが言えない雰囲気があった。しかし、1980年代中頃になってCRMが導入されたことにより、操縦席内の雰囲気も徐々に変化してきた。飛行機そのものがハイテク化されて、それまでの機長、副操縦士、航空機関士の三人乗りから、機長、副操縦士の二人乗りになった。

　その結果、副操縦士の役割の重要性が増し、副操縦士もその役割に応じてリーダーシップを発揮することが求められるようになった。安全運航を完遂するうえで、機長は副操縦士がその役割を十分に発揮できるマネジメントを行うスキルが求められるようになった。

　これは、訓練・審査においても要求されるスキルであって、Unofficialの影響力とは直接関係なく、すべての乗員が発揮すべきスキルとして求められている。

　飛行機の状態があるべき状態から外れた場合、危険を察知した場合などには、躊躇なく声を出して注意喚起するCall Outという手順も設定され、定着させることにも取り組んでいる。

　このことは、権威勾配は安全運航にとって好ましくないということではない。機長は運航全般に関して、方針を明確にする必要もあり、運航中、さまざまな環境変化や突発的なトラブルに対して、短時間で決断を迫られることもある。そうしたときに、仲良しクラブ的な意志決定では、迅速な対応ができず、かえって危険に近づくこ

とがある。権威勾配は強すぎることも、逆に勾配がゆる過ぎることも好ましいことではない。適度な権威勾配が、安全で質の高い運航、業務を遂行するうえで、大切なことである。

(3) 今、求められるリーダーシップ

　飛行機が二人乗りのハイテク機になってからは、機長と副操縦士の役割は、PF と、PM としての役割認識と、役割の確実な遂行の重要性が高まっている。

　2015 年 4 月に徳島空港で、滑走路にまだ作業車がいるのを管制官が失念して、日航機に着陸許可を出してしまったことがあった。日航機が着陸寸前に副操縦士が滑走路に何かがいることに気づき、すかさず「ゴーアラウンド」とコールした。機長はそのコールに従ってゴーアラウンドをして「事無きを得た」という重大インシデントがあった。

　最終進入から着陸にかけて、パイロットのどちらかが「ゴーアラウンド」をコールしたら、躊躇なくゴーアラウンドする、ということが定められ、訓練も実施されている。徳島空港における事例は、役割に応じてリーダーシップを発揮することと、手順が定着していたために事故を防ぐことができた事例である。

　従って、今求められるリーダーシップは、リーダーだけでなく、メンバーの各人がプロとして、それぞれの専門、役割に応じたリーダーシップを発揮する責任があり、リーダー

図 5-1　今求められるリーダーシップ

はメンバーの各人が、それぞれの役割に応じたリーダーシップを発揮させるマネジメントを行う責任がある。この考え方が定着し、実際に実行されることにより、フライトのみならず、どの仕事においても、安全で質の高い成果を期待できる。

5.5　危機管理と意志決定

(1) 危機管理では意思決定ではなく意志決定

　一般に個人の意向を決める用語には意思決定と意志決定の二つがある。意思決定は「そうしたい強い思い」でことにあたるという意味を含んでいる。意志決定は明確な意向をもって行動を決めるときに使用する。従って、危機管理では意志決定という言葉が適切である。

(2) 意志決定には判断と決断とがある

　意志決定は目的を実現するためにどう行動するか（あるいは行動しない、止めることも含む）を複数ある選択肢から一つを選択することである。複数ある選択肢から一つだけ選択し、他は「断ちきる」ことについては同じであるが、実は判断と決断には違いがある。その違や要点を次の項で整理してみる。

(3) 判断

①判断には基準がある場合が多い

②判断には正しい判断と間違った判断がある

③判断はデータ、部下、メンバーの意見も参考になる

④日頃から正確な知識を身に付け、規程類やマニュアルの使用法を確認しておく

⑤判断ミスを防ぐには必ず複数の情報で

（4）決断

①決断には基準というものはない

②決断には正解もない

③決断は何を大切にしたいかときっぱりと決めることである（重要度の選択）

④決断には正解はないが責任と覚悟がともなう

⑤覚悟とは決断した結果起こり得るすべてを受容れることである

⑥非常事態、危機的状況に遭遇した場合の決断には時間の要素が大きく関わってくる

（5）リーダーの意志決定

①意志決定には判断と決断があるが、職位があがるにつれ判断より決断の割合は多くなり、トップはほとんど決断になる

②判断は場合によっては部下に任せてもよい。その際には相応の意思疎通を十分に行っておくこと

③非常事態、危機的な状況下におけるリーダーが決断する際には、目先みんなに嫌われる決断をした方が、最悪の事態を防ぐ確率が高くなる

④判断には一般に基準、正誤があり、決断には覚悟が要る。従って私はトップやリーダー向けの講演では、「判断は頭」で「決断は肚」で、というアドバイスしている

5.6　危機管理の心構え

（1）神仏を尊び神仏に頼らず

　危機管理を成果あるものにするためには、知識が大切であることはもちろんであるが、知識よりむしろ、意識、心構えがより重要な要素である。これは、運航の安全の最終責任を担う機長としてフラ

イトを積み重ねる度に感じていたことである。

　特に、中近東路線を担当して、危機管理を現場で身をもって体験
しているうちに、しっかりとした心構えがないと、心にブレが生じ
て、迷いや、頼る心、言い訳の心が浮かんできてしまうことに気づ
いた。

　危機管理の対応、ノウハウなどは欧米の書籍などや、当時日本に
おける危機管理の第一人者である佐々淳行氏の本や講演などで勉強
していたが、心構えについては、なかなか明確な答えを引き出すこ
とができないでいた。

　そうしているうちに、ニューヨークの本屋のビジネス書コーナー
に、山積みされていて偶然目に止まったのが『THE BOOK OF
FIVE RINGS MIYAMOTO MUSASHI』であった。山積みにして
並べてあるということは、アメリカのビジネスマンや経営者の多く
が、この『THE BOOK OF FIVE RINGS』から、何かを学び取ろ
うとしているはずだ、と思い、１冊買って帰った。

　日本に帰って、英語で書かれたこの本を一通り読んでみたが、英
訳よりやはり日本人が書いた日本語で読みたくなり、学生時代に
買ってあった『五輪書』を実家で探して来て読み返した。英訳の
『THE BOOK OF FIVE RINGS』のもととなった宮本武蔵の『五輪
書』はすでに、学生時代に中村錦之助主演の映画『宮本武蔵』を観
た後に、購入して読んではいたが、刀の持ち方などが記憶に残った
程度であった。

　実家から持ち帰った『五輪書』の本には、英訳の本にはなかった、
二天記というものがあり、その中の「独行道」に書かれていた「神
仏を尊び神仏に頼らず」を読んだ瞬間に「そうか、これだ！」これ
こそが危機管理の心構えのエキスだと膝をたたいた。

　「神仏を尊び」とは「謙虚心」であり、「神仏に頼らず」は「自律

心」そのものである。生涯のうちで何度も命をかけて真剣で勝負して生き延びた宮本武蔵という実在の危機管理の第一人者といってよい人物が遺した教訓である。「謙虚心と自律心」が危機管理の心構えの心髄である。また、組織を構成するメンバー各自が謙虚心と自律心を大切にする風土が醸成されると、安全文化の重要な要素にもなる。

(2) 謙虚心

　世の中に存在するものは完全なものは一つもない、完全な人間もいない、という謙虚な心である。飛行機の運航に関しても、社内の安全情報誌に「人間はミスをする動物である、機械は故障することもある。故障しなくても使い方を間違ったら大変なことになる、人間は自然には勝てない」という文章を掲載したことがある。

　世阿弥が『風姿花伝』で書き遺した「初心わするべからず」も、謙虚心の大切さを教えている。初心にはそれぞれ「新人の初心」「中堅の初心」「ベテランの初心」がある。

　新人のときは、まだ知識も技術にしても未熟で、人から言われなくても、自然と謙虚な心をもっているのは当然であろう。また、失敗したとき、逆境にあるときなども謙虚になることはたやすい。

　注意すべきは、中堅、ベテランの年齢になったとき、うまくいっているとき、順風満帆の時こそ意識して謙虚心を持たないと、大きな落とし穴に陥る危険性がある。「稔るほど頭を垂れよ」という言い伝えは、このことを戒めている知恵であり金言でもある

　中堅は仕事ができ、技術的にも自信があり、頭の回転もまだ劣っていない。どうしても謙虚心を失いやすい年齢でもある。筆者自身、今、振り返ってみると、機長に昇格して３年位が一番危なかった、謙虚心が薄らいでいたと反省している。その具体例を挙げると、国

内線の那覇空港で、ターミナルから北に向かって離陸する滑走路36 に向かう滑走路に平行した長い誘導路を、規定の速度よりかなりオーバーしている速度で地上滑走していた。

　そのとき、航空機関士から「速いですね」とアドバイスされた。航空機関士はよほど怖かったのだろう。通常、航空機関士は機長に対して、システム等に関するアドバイスをすることはあるが、操縦に関することは、よほどのことがない限り言いにくい。この心理は、自分がセカンドオフィサーという航空機関士の業務を経験したことからもよく理解できる。

　この航空機関士のアドバイスに対して、筆者は「うん、ちょっと速いね」と答えただけで、アドバイスに対して「ありがとう」という言葉が出なかった。しかも、真っすぐの誘導路で近くに障害物もないから、この程度の速度なら問題ない、と思いほとんど速度を緩めることもなった。

　当時は、離陸してからも、フライトを終えてからも、反省する気持ちは湧いてこなかった。これは、中堅の慢心、謙虚心を失っている心理状態の典型でもあった。自分が指導的な立場、そして運航安全推進部長となって、運航の安全組織を担う立場になって、はじめて当時の自分を痛く反省するようになった。

　当時を思い出す度に、アドバイスしてくれた航空機関士の方の勇気に、感謝の気持ちと申し訳ない気持ちが湧いてきた。

　ベテランになると、自分で意識して謙虚にならないと、誰も何も言ってくれない。古い知識や経験で処理してしまうこともある。また思い込み、勘違いをしてもよほどのことがないかぎり、周囲からアドバイスを貰うことは難しい。

　50 歳前後からは、とにかく誰でも口に出して言ってくれたことに対して「ありがとう」という言葉が素直にでるようになり、自分

の息子や娘の年代の人たちからも、いろいろとアドバイスを貰って、何とか安全運航をまっとうすることができた。

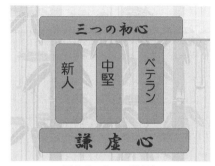

図5-2　3つの謙虚心

若い人から、たとえ的外れのアドバイスを受けたとしても「違う」と言ってしまったり、十分心得ていることに対してアドバイスしてもらったときに「分かっている」と言ってしまったら、それ以降、二度とアドバイスは貰えないだろう。

アドバイスを受けたら、まず「ありがとう」。ベテランが素直に言える謙虚心があれば、みんなの力を引き出すことができる。

(3) 自律心

自律心は簡単に言えば自己責任と自助努力とからなる。人は失敗やうまくいかない原因を他人や自分を取り巻くさまざまなものに求めたくなるものである。しかし、後から客観的に原因を分析した場合は、いろいろな要因が判明するが、当事者は原因ではなく条件だと捉えて、いかなる条件下でも最悪の事態を防ぐ必要がある。

特にパイロットは、離陸した以上、着陸するか墜落するかのどちらかである。エンジンなどの故障、天候の急変は原因ではなく条件である。その悪条件でも安全に着陸する必要がある。筆者は長年自律心のお手本を探し求めてきた。最近ようやくその手本に気付いた。それは植物であった。人間を含めて動物は生きるために移動などして条件を変えることができる。植物はコンクリートの割れ目から芽

をだして芽を出して
育っている。海面に突
き出た岩礁の上に松の
木が生えている。すべ
て与えられた条件のな
かで不平、不満は一切
言わずに生きている。
危機管理の実践におい

図5-3　自律心のお手本

ては、この植物たちの逞しさを見習いたい。

　ちなみに、欧米では自律心がある人は幸福度も高いと言われてい
る。なるほどと思う。自律心があれば、不平・不満を口にすること
もなく、うまくいかないことを人のせいにすることなく自分でうま
くいく方法を考え行動するから、幸福度が高まることは当然である。

(4)　危機管理は知識よりむしろ知恵であり心構えである

　危機管理も健康管理も、こうした方が良い、こんなことをしては
ダメだ、ということは誰でも知っている。知ってはいてもなかなか
そのとおりに実行できないのが、人間だ。

　宮本武蔵の『五輪書』にしても、その他の数ある兵法書にしても、
難しいことはほとんど書かれていない。命をかけた実践からくる知
恵が述べられているに過ぎない。あるいは、書を遺した本人の経験
が、知恵となるに至った心の構えを文字で表している。

　一人の人間が一生かかって得ることができる知恵は、わずかなも
のである。しかも、その貴重な知恵を身に付けるには、どれだけの
失敗、危険な目に遭うことであろうか。幸い、先人たちが古典とい
う形で多くの知恵を遺してくれている。古典は知恵の宝庫である。
特に、兵法書は、命という最重要事項を対象とした書物であるだけ

に、現代の危機管理を実施するうえで、参考となる知恵、心構えを至るところに見出すことができる。

　古典に触れ、「なるほど!」と気づいたとき、「これは使えるぞ!」と感動したとき、「そうか、これを遺した人物は、こういうことを言いたかったか!」と納得したことなどを、①自分なりの言葉に書き換えて、まず自分の「ノート」と「脳」と「心」に止める。そして、②毎日、それを読み直す、思い出す、自分に言い聞かせる。③次は実際にそのように行動してみる。やってみる。④②と③を繰り返していくことにより心構えと行動の習慣ができていく。

　筆者の場合は、『五輪書』の「神仏を尊び神仏に頼らず」に目が触れた瞬間に「そうか、これだ!」「これこそが、危機管理にとって必要な心構えだ!」と感動した。武蔵が遺してくれた言葉から謙虚心と自律心を抽出して、「危機管理の心構えのエキスは謙虚心と自律心」とノートに書き、頭と心に焼き付けた。

　飛行中の天候の急変、機材の故障などは原因ではなく、条件だ、どんな条件になっても、どこかの空港に安全に着陸するのだ、ということを常に自分に聞かせて来た。これは『五輪書』から得た自律に相当する。

　退職するまで、ハイジャック以外の、ほとんどのトラブルに遭遇して来た経験から、やはり危機管理の心構えとしては「謙虚心と自律心」であることは、確信をもっていえる。航空機の運航のみでなく、経営者団体主催の「トップの危機管理」というテーマでの講演でも、必ず触れることにしており、企業経営にも必要な心構えだと思っている。

5.7　危機管理の鉄則

（1）危機管理の鉄則は悲観的に準備して楽観的に対応

　「悲観的に準備して楽観的に対応する」これは危機管理対応の鉄則である。よほど意識しないと、この逆の対応をしてしまう。このくらいは大丈夫だ。後でやろう。今までがそうだったからたぶん大丈夫だ。誰かがやってくれるだろう。このように楽観的に構えてしまいやすい。そして、いったん危機に遭遇すると、パニックになり、もうダメだと感情的に悲観論が充満してしまう。

　海外からも、日本の危機管理は "Too Little Too Late" と指摘されることがある。楽観的に備えて悲観的に対応したのでは、危機対応に失敗するのは明白なことである。従って「悲観的に準備して楽観的に対応する」は、"原則" というよりも "鉄則" といってよい。

　ただし、セキュリティに関しては「悲観的に準備し悲観的に対応」が鉄則である。

（2）悲観的に準備する

　筆者が機長昇格訓練中のこと、運航管理室で当日のフライトの準備をしていた。当日は出発空港、目的空港、代替空港の気象は現況、予報も良好で、上層気象も乱気流などの予報もなかった。教官機長から「今日のフライトの問題点は何か」と聞かれた際に「今日は特に問題ありません」答えた瞬間に「問題のないフライトなどない！」と烈火のごとく叱られた。

　そのときは、天気もこんなに良好なのにどうして問題があるのか、ピンと来なかった。自分が機長になり、そして指導的な立場になって、そのときの教官機長の気持ちがよく分かった。

　飛行計画（準備）の段階でこんなに楽観的な考えでは、運航の安全の最終責任を担う機長としては任せられない。敢えて厳しく叱責して、なぜかを考えさせる当時の教官機長の意図がよく理解できたものだった。

　計画（準備）、出発の時点では、すべての条件が良好であっても、目的空港の滑走路が他の航空機などのトラブルによって突然閉鎖されることもある、飛行中のエンジントラブルなどの機材故障の可能性もある、急病人が発生して途中の空港に緊急着陸する可能性もある、予報にない乱気流に遭遇することもある。いろんなことを悲観的に想定し、それに対応した対応策、代替案を準備して、はじめてさまざまな不都合な状況に遭遇しても、安全運航をまっとうできるのである。

(3) 楽観的に対応

　危機やトラブルに遭遇した際に、楽観的に対応するためには常日頃から悲観的に準備しておくことが必須である。日本にも、「転ばぬ先の杖」、「備えあれば憂いなし」という危機管理の神髄に触れた格言がある。

　機長の資格を維持するために、年に2〜3回の訓練と1回の審査をフライトシミュレーターで実施する。訓練、審査において、定年退職するまで、ほとんど遭遇することはないさまざまなトラブルを、毎回の訓練で経験し、審査を受けて合格することにより、次の審査まで乗務できる資格を維持することができる。つまり、悲観的に想定して、あらゆるトラブルに適切に対応して安全運航を完遂できる訓練と、その能力の見極めを行っているのである。

　飛行中のトラブルはついている人と、ほとんど何もない人とがいるもので、筆者はついている人であった。

　エンジントラブル、油圧トラブル、与システムのトラブル、高揚力装置のトラブルなどで、空中で燃料を最大着陸重量以下になるまで放出して、出発空港に戻ったことが 6 回もある。

　目的空港の気象が悪化して代替空港に向かったことや、ゴーアラウンドをしたことも複数回経験した。いずれのケースも、十分に訓練をして審査も受けているので、自分で飛行機をコントロール出来ている限り、どこかの空港に安全に着陸できる、という確信は常に持っていた。

　トラブルに対しては、楽観的な対応ができたが、乱気流だけは、常に心配が尽きなかった。乱気流を予想して、あらかじめ時間的余裕をもって座席ベルトサインを点灯させ、アナウンスをして準備をしていても、実際に揺れが始まると、乗客、客室乗務員にケガがなかったかと、胃袋がキューと縮む思いをした。

図 5-4　フルフライトシミュレーター

（4）セキュリティ対策の鉄則は悲観的に準備して悲観的に対応

　航空機の保安対策（セキュリティ対策は）は、他の交通機関と異なり、機内だけでなく、その一段階前にクリーンエリアと呼ばれる出発ロビーに入る手前の保安検査や、貨物室に搭載する荷物検査が最初で最後の砦である。近年では、大阪の伊丹空港、新千歳空港の保安検査ですり抜け事例があった。また関西空港では、楽器のケースに隠れて日本を脱出したとされているゴーン容疑者の事例がある。航空の保管対策（セキュリティ対策は）の鉄則は「悲観的に準備して悲観的に対応」して、はじめて航空の安全が確保できる。

（5）想定された危機への対応

　1999 年から 2000 年になる瞬間に、コンピューターが誤作動して、さまざまな危機が発生するのではないかという危惧は、2000 年に近づくに従い問題化してきた。いわゆる「Ｙ２Ｋ」問題である。ここで想定される危機は、1999 年 12 月 31 日の 59 分から 2000 年の 0 時になる瞬間である。つまり、危機が発生する時間も、コンピューターに関する不具合によるもので、内容も特定ができる危機であり、想定も準備もできていた。

　想定される危機に対しては、それなりの準備もできているはずであった。各業界のＹ２Ｋへの対応について、あらかじめ調べてみたところ、航空界が一番準備できていたようだった。

　当時安全推進部長であった筆者は、たとえコンピューター関連にトラブルがあっても、ＤＣ８の副操縦士の頃のように、コンピューターの無い状態での、航法を実施して飛べば大丈夫だという確信をもって、ホノルルを 1999 年 12 月 31 日離陸し、日付変更線をまたいで 2000 年 1 月 1 日に成田に到着するフライトを飛ぶことにした。

　DC 8 の副操縦士時代に使っていた航法計算盤の風力三角形で、風や偏角を算出する航法計算盤を持参し、運航管理室で上層の予報風のデータを準備し、管制側のコンピューターに不具合が生じた場合には、燃料消費の少ない高度をとれないことも想定して、その分の燃料も多く搭載して、ホノルル空港を出発した。実際に、飛行中もほとんど常の飛行と変わらず、無事に成田空港に着陸した。

　いつ発生するという時間まで決まっており、想定されている危機というものは、十分に準備できるものである。

　ちなみに、翌年の 2001 年、21 世紀を日付変更線で向かえるホノルル―成田の世紀をまたいだフライトを飛行し、100 年に一度しか実施できない「世紀のアナウンス」をした。テープに録音されている、筆者の「世紀のアナウンス」は、今まで民放テレビで 2 回放映されている。

　その内容は次のようなものであった。

図 5-5　2000 年に向かってホノルルを出発する前の儀式

　「ご搭乗の皆様こんにちは、ハワイでのご滞在はいかがでしたで
しょうか。この度は、20世紀から21世紀をまたいでのフライト
にご搭乗いただき、誠にありがとうございます。これから1時間45
分ほどいたしますと、国際日付変更線を通過して、2001年1月1
日、21世紀を迎えます。(中略)新しい年、新しい世紀が皆様方に
とって、良い年、良い世紀でありますように、乗務員一同お祈り申
しあげております」

(6)「想定外」への対応

　すべてを想定することは現実問題として不可能である。だからと
いって「想定外だったから」という言い訳は通じない。想定外のこ
とは、どの世界でも起こり得るのだ。では、想定外のことが起こっ
た場合には、どうしたらよいか。このときこそ、一番大切なもの以
外は捨てる、場合によっては嫌われる決断をし、どんなことをして
も、一番大切なものだけを守り抜くのだという強い意識を持ち、か
つ最後の1%の可能性まで諦めなければ、絶対大丈夫だ、という
楽観な気持ちを持ち続けることである。

　「想定外」という言葉は、第三者やメディアが使用する言葉であっ
て、危機管理を担う当事者が使う言葉ではない。使ってはならない。

5.8　未然防止の要諦

(1)「愚直なまでに基本・確認を徹底」

　「安全管理、危機管理の肝心な点を一つだけあげろ」と言われた
ら、すかさず「愚直なまでに基本・確認を徹底」という答えが出て
くる。

　危機管理で最も大切なことは危機の未然防止であることは、誰も
疑いの余地はないであろう。危機の未然防止、トラブル、事故の未

然防止で最も肝心なことは基本・確認を徹底することである。

　それはなぜか――。業種・職種にかかわらず、今世の中で起こっている、トラブル・事故・インシデント、不祥事の要因の 70〜80％か、あるいはそれ以上が基本・確認行為からの逸脱である。ということは、基本・確認を徹底すれば、今後起こるかも知れないトラブル・事故・インシデント、不祥事を、どんなに少なく見積もっても、半分以上は未然に防ぐことができるといえる。

　航空機の事故事例を調べていると、「あのとき、基本通りにやっていれば」、「あそこで確認をしていれば事故には至らなかっただろうに」という事例が多くある。

　誰でも知っている基本的なこと、確認は誰にでもできる、ごくあたりまえの行為である。5 回や 10 回くらいなら簡単にできる。しかし、100 回、1,000 回、一年中これを徹底するのはかなり難しい。効率性を追求される今の世の中、「いつまでもそんなことをやっているなんてバカじゃない」と言われる可能性だってある。一年中、基本・確認行為を徹底するには「愚直」にならないとなかなかできるものではない。

　基本的なことは決して難しい事でも高度なことでもない、誰でもできる当たり前のことばかりである。退職した今、いろいろな世界の一流の人と接する機会に恵まれているが、一流の人の共通点の一つに、当たり前のことを、さりげなく行っていることに気づくことが時々ある。

(2)　どうしたら基本と確認を徹底できるか

　各業界の企業・団体からの依頼で実施する安全管理、リスクマネジメント、危機管理などのテーマでの講演で、安全管理、危機管理の要諦は「愚直なまでの基本と確認の徹底」であることを紹介する

と「その大切さはよく分かった。では、職場で基本や確認を徹底するにはどうしたらよいか教えて欲しい」という質問が管理職の参加者から必ずある。それに対して、筆者は次のように答えている。

COLUMN ⑩

家族に遺書を残したフライト

1989年6月に天安門事件が北京で勃発すると、中国人民解放軍は軍隊をその周辺に派遣して改革を求めるデモ隊に発砲する事態となった。北京に滞在する外国人は、危険を避けるために自国に帰国することになった。その日、筆者は川崎のホテルで組織管理職のセミナーに参加中だったが、すぐに帰宅して邦人救出フライトに乗務するよう指示がきた。

自宅でフライトの準備をし、制服に着替えて迎えの車を待っていたが、家には誰もいない。当時、中東情勢は把握できていたが、中国情勢は詳しいことは分からなかった。北京の空港の離着陸に際して、軍の流れ弾に当たった場合は、最悪の事態になりかねないということが脳裏に浮かんだ。万が一のことを考えて、妻に宛てて「これから北京に邦人救出に行ってくる。万が一の事があったら、子供と両親のことを頼む」とだけ、便箋に走り書きし、封筒に入れて机に上に置いた。

実際には、湾岸危機の時の方が、もっと危険度は高かったはずであるが、中東情勢は詳細に把握していたので、遺書を書くことはなかった。ただし、妻には「万が一の事があった場合は、戦争状態なので多分、生命保険金は貰えないだろうが、しかし、業務中だから労災保険は一生貰えるから心配するな」と伝えていた。

　職場で基本や確認を徹底するためには、次のような五つの項目がある。

　一つ目は、基本や確認を怠った時の怖さを教えること。今まで起こった事故（インシデント）の要因の多くに基本や確認を怠った点が含まれていたことを挙げ、その事例を見せること。人間、コワサを身に染みて知ることができれば、人から言われなくても十分注意するようになる。怖さを実感させるには、事例はできるだけ、身近なもの、新しいものがいい。

　二つ目は、基本とは規程類、マニュアル類を遵守することが含まれている。いわゆるコンプライアンスである。規程類、マニュアル類をただ守れ、遵守しろと言ってもなかなか徹底できるものではない。なぜ守らなければならないかを、考えさせることが大切である。なぜこの規定通りに行わないとまずいのか、なぜマニュアル通りに実施しないと危ないことになるのかと、本人が気づいて、はじめて自主的に基本を忠実に守ることができるようになる。そして、基本は守ることが目的ではなく、あくまで安全で確実な仕事をするという目的のための手段であることも、理解させることが必要である。

　三つ目は、まず、上司、先輩、指導的な立場の人自身が、多少効率が悪くても、基本をキチンと実施すること。うちの上司はいつもしつこいほど確認をする人だ、と言われるくらい、徹底することである。

　四つ目は、部下や後輩の他、誰が見ていても見ていなくても、コツコツと基本通りにやり、丁寧に確認をしている人を褒め、かつ評価すること。特に安全に直接関わる部門では、人事でも評価すれば、より効果がある。基本・確認を徹底することは、プロとして当たり前だ、評価などする必要はない、と言ってしまえばそれまでである。部下の基本・確認行為は、上司が意識して見ていないと気づかない

ものだ。

五つ目は、何かを指示する際に、早くやれ、急いでやれ、ではなく確実にやるよう指示すること。

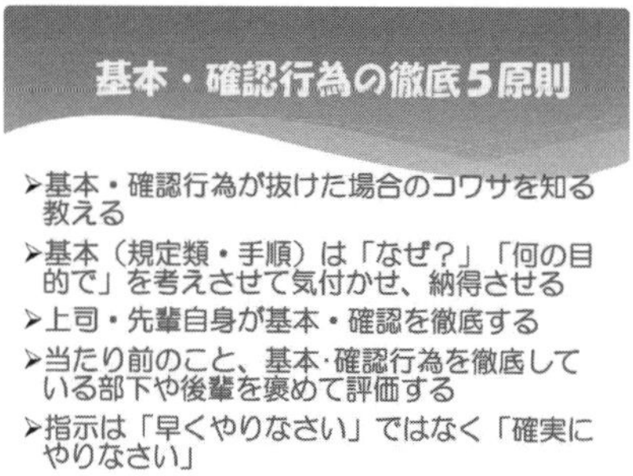

なんだ、そんなことは分かっているよ、と思われるかもしれない

基本・確認行為の徹底5原則

➤基本・確認行為が抜けた場合のコワサを知る 教える
➤基本（規定類・手順）は「なぜ？」「何の目的で」を考えさせて気付かせ、納得させる
➤上司・先輩自身が基本・確認を徹底する
➤当たり前のこと、基本・確認行為を徹底している部下や後輩を褒めて評価する
➤指示は「早くやりなさい」ではなく「確実にやりなさい」

図5-6　基本確認行為徹底の5原則

が、この五つを確実に実施すれば、職場の安全レベルはグーンと上り、反対に事故・インシデント・不祥事が発生する確率、危機が発生する確率は相当小さくなるはずである。

5.9　危機管理と情報

（1）情報力の差が運命・危機管理の成否を左右する

情報化時代にあって、情報の扱い、情報への対応は危機管理の成果に直接影響をする重要な要素である。国の運営、企業経営はもちろんのこと、飛行機の運航においても、情報力の差が、安全の確保に大きく影響することがある。それほど情報は大切な要素である。日本人は情報の重要性、価値への認識は欧米人に比較してまだ低いようだ。

（2）情報力の3A

情報の専門家でもない筆者は、危機管理に必要な情報力としてAntenna（アンテナ）、Analysis（分析）、Action（行動）の3Aを大切に実践してきた。

①Antenna（アンテナ）

　情報収集力はアンテナ感度で決まる。アンテナの感度は、目的意識、興味の度合いに比例する。特に目的意識が明確であり、かつその目的意識を強くもって持続していれば、素人の個人であっても、必要な情報の 90% 以上は手に入れることができる。

②Analysis（分析）

　アンテナの感度が良ければ、確かに必要な情報の 90% 以上は手に入れることができる。しかし情報が溢れている現代にあっては、目的実現のために本当に必要な情報かどうか、ふるいにかける必要がある。この作業が重要である。

　間違った情報、根拠のない情報、意図的に作られた情報、現状には合わない古い情報等に飛びついて行動してしまうと、大失敗する。トラブル、事故・インシデント、危機を招くことにもなりかねない。入手した情報をスクリーニングにかけて分析する。筆者は次のような点を判断基準にしている。

・真偽はどうか（本当かどうか）
・全体か一部か
・一過性のものか継続性のあるものか
・いつのものか（いつ起こったことか）
・一次情報か二次・三次情報か
・誰が言ったことか、どこが出した情報か
・法律や規則に抵触していないか
・その情報はどの程度影響力があるか

③Action（行動）

　情報は集めることが目的ではない。分析することも目的ではない。あくまでも、目的を実現するための手段である。集めて、分析した情報に基づいて行動して、はじめて結果が得られる。この原則は常に念頭においておく必要がある。

情報収集の段階においても、ただ座して収集するだけでなく、自分の足で出かけて行って人に会い直接人から得た情報、自分の目と耳で確かめた情報、質問して引き出した情報こそ価値がある。収集においても、やはり Action という行動力の差が情報力の差となって現れるのである。そして、情報も Give &Take があってこそ、質の良い情報に巡り会える。

飛行中における情報の Give & Take の事例を二つほど紹介したい。

中近東路線でバンコクからアブダビに向かう飛行中、Air to Air という航空機同士で使用できる周波数を使用して、ミャンマーの上空で後続の英国航空機に、航路上の気象状況を知らせた。その後、10 分位すると英国航空機から「今、湾岸空域でハイジャックが発生したために、湾岸地域の空港は閉鎖されたようだ」という情報が入った。その情報の真偽を確認するために、長波の周波数を使って航空機と航空会社の通信を中継する「ホンコンドラゴン」を介して会社の運航管理に確認したところ、その情報はまだ入手していない、との回答であった。

目的空港のアブダビ空港も含めて、バーレーン、クウェートなどの湾岸地域の空港すべてが本当に閉鎖されている場合は、バンコクに引き返すか、デリーかカラチにいったん着陸して、空港の閉鎖が解除されるのを待つことも考えながら、ベンガル湾上空の飛行を続けた。

間もなく、会社と英国航空機からも、ハイジャックは解決し、各空港とも閉鎖が解除され、通常通りの運用に戻ったという連絡を受け、そのままアブダビに向かって飛行した。

これも、英国航空機との情報の Give &Take により、不都合な情報を早期に入手することができた事例である。いつも英国航空機、

英国の情報に対する能力には、「さすが 007 シリーズの国だ」と、感心するばかりである。

　ちなみに英国航空機のコールサイン（呼び出し符号）は "Speed Bird" である。以前、世界の空を席捲していたパンアメリカン航空のそれは "Clipper" であった（カッコイイ！）。日本の大手二社のそれは、"Japan Air" と "All Nippon" で、会社名そのまま使用したコールサインである。

　太平洋路線は、ハワイルートも、ノパックルートと呼ばれる北太平洋ルートは、ジェット気流の速度が速く、また大きく蛇行することもあり、晴天乱流が発生しやすく、パイロットにとっても、巡航中に最も神経を使うルートの一つである。

　情報化、コンピューター化、情報の共有化等が進み、乱気流の予報も以前に比べてかなり精度は上がって来ていることは確かである。しかし、乱気流は大気の渦によって発生するものである。5 分〜10 分後には違った状況になることもある。従って、パイロットは Forecast より "Nowcast"（こんな英語はないが、パイロット仲間はそう呼んでいる）をより大事にしている。近くを飛行中の航空機同士で、お互いに情報を Give & Take しながら、乱気流に備えて、乗客・客室乗務員の怪我の防止に努めている。

　太平洋路線も他の国際線同様、各国の航空会社が飛行している。"Nowcast" の情報を Give & Take するには英語の能力が欠かせない。これは、インターネットで良い情報を得るには、どうしても英語能力が必須なのと同様である。

(3) 情報に対する姿勢

　情報には嬉しいものや楽しいもの、都合の良いものがある一方、聞きたくない、面白くない、耳に痛い、不都合な情報などがある。

前者はプラスの情報、後者はマイナスの情報といえるだろう。

しかしプラスにもマイナスにも絶対的な価値がある。要は情報を得る側の姿勢が重要なのである。

危機管理にはマイナスの情報が重要であり、人を育てるには可能な限りプラスの情報（その人の長所、良いところ）を大事にすることである。これは、よほど意識をして対応しないと、逆のことをやってしまいやすい。先で紹介した「悲観的に準備して楽観的に対応する」は、マイナス情報に対する姿勢を示したものでもある。

人の本性を表す言葉には性善説と性悪説とがあるが、セキュリティに関しては、性悪説の視点に立った対応が必要である。航空に関していえば、乗客がセキュリティチェックに協力することが、自身の安全にも繋がる点について理解を得る必要がある。それだけに航空関係者はセキュリティに関する情報の管理を、厳しく徹底することが求められるのである。

5.10　危機管理とコミュニケーション

(1) コミュニケーションは人体組織における血流と同じ

人体の組織で心臓、肺、胃、腸、肝臓などの各器官が健全であっても、血液の流れが細くなったり、止まってしまっては、体調を崩し、場合によっては、死に至ってしまう。それと同じように、組織の一人ひとりが優秀であっても、コミュニケーションに不具合が生じたり、滞ってしまったりすると、求められる成果が得られないばかりか、トラブルが発生してしまう可能性もある。

トラブルや事故のほとんどに、コミュニケーションの不具合が関与している。組織内だけでなく、組織間、提供側と顧客、さらに家庭内でもコミュニケーションがうまくとれないとさまざまな問題が発生する。コミュニケーションは、一般に考えられている以上に、

重要な課題なのである。

(2) コミュニケーションの目的

　コミュニケーションの目的には大きく分けて、情報（Information）と意図（Intention）の共有の二つがある。

　情報（Information）とは、発信者から、何らかの媒体を通じて受信者に伝達される一定の意味を持つ実質的な内容のことである。たとえば、「現在使用している滑走路は 34 R です」、「A 2 誘導路は閉鎖されています」などは情報である。また「10 月 4 日の 13：00〜15：00 に B ビルの第 3 会議室で標記の件についての検討会を開催します」も情報である。

　意図（Intention）は、ある目標達成のための特定の行動を実行しようとする決意である。「高度 33,000 フィートは揺れているから 35,000 フィートを管制に要求して高度を上げます」というのは意図になる。「標記の検討会に出席します」も意図になる。

　情報、意図の共有はコミュニケーションの不具合によるトラブルを防ぐうえで大切なことである。特に正確さを求められる情報、意図の共有は必須である。とりわけ行動に結びつく意図の共有、しかも正確な共有が非常に重要である。特に自分が行動を起こそうとする前に必ずその行動を明確に表明することである。組織、チームで仕事をしているときに、他の人がどのような意図をもって行動するのか分からないと、組織、チームが目的に向かってベクトルの方向が結集されず、当然の結果として、組織、チームのパフォーマンスが低下してしまう。

　機長昇格訓練で、進度が芳しくないパイロットの共通点の一つに「Intention の表示が明確でない、弱い、曖昧である」といったコメントをよく目にする。乗務員のリーダー、トップを目指す人が、

どのようなフライトをするかの意図を明確に表明できなければ、機長昇格に向けての進度が遅くなるのは当然であろう。

(3) 伝えたと伝わったとは別問題

コミュニケーションで勘違いや思い込みが生じるのは、送り手は伝えたら（発したら）、相手に伝わった（理解を得た）と判断している点にある。だが実は、「伝えた」と「伝わった」は同じではない。このようなことが起こるのは、送り手と受け手との間に次のようないくつかのコミュニケーションの阻害要因が存在するからである。

・情報量の差

・経験の差

・興味の違い

・期待の相違

・感情のズレ

・価値観の違い

(4) 確認会話の大切さ

なかなか正確に伝わらないことが多いということを前提に、コミュニケーションを図ることがトラブルの防止につながる。

管制官とパイロットのコミュニケーションの不具合は、場合によっては一瞬のうちに多くの尊い人命が失われることさえある。

1977年3月、スペインのテネリフェ空港でジャンボ同士が衝突し、583名もの犠牲者が出た。1996年11月には、インドのデリー付近の上空で、カザフスタン航空のイリューシンII-76とサウジアラビア航空のジャンボの衝突で349名が犠牲になった事故などが起きている。いずれもコミュニケーションの不具合が起こした事故

である。

　パイロットと管制官は、こうした事故を防ぐために、確実なコミュニケーションを心掛けている。

　特に確認会話がより重要で、相手の言ったことが、少しでも曖昧であったりし、不安を感じた場合には"Say Again"（もう一度言ってくれ）、あるいは"Confirm"という枕詞を付して確認し合っている。たとえば"Confirm Clear to Land"（確認ですが着陸は許可されているか）というように、疑問を感じたときは、確認会話を厳しく行っている。

　地上における一般の業務においても、少しでも疑問を感じた場合は、送り手も、受け手も「確認の意味で〜」という枕詞を付けて確認会話をすることにより、コミュニケーションの不具合によるトラブルの防止に努めることが大切ではないだろうか。

COLUMN ⓫

英語も千差万別ある

　パイロットと管制官とのコミュニケーションは、自国では母国語を使用する一部の国を除いて、英語で行っている。だが英語は国によってまちまちで、そこの英語に慣れないと理解に苦しむことがある。海外委託の第1期生である筆者たちは、アメリカのサンディエゴで基礎訓練を受け、アメリカのライセンスを取得して、アメリカの英語に慣れていた。日本に帰っての訓練中、日本の管制官とのコミュニケーションはアメリカで使用していた英語をそのまま使ったところ、教官から「お前たちの英語はイモだ」と注意されたことがあった。英語を母国語とする国でも、アメリカや英国、オーストラリア、ニュージーラ

ンドではかなり違い、慣れるまで大変である。特にオーストラリアのものは発音が分かりにくい。筆者自身は英国のものが一番分かりやすい。インド人の英語は巻き舌が特徴だ。

　フランス人の英語は発音も言い回しも独特で、ジャンボの副操縦士の頃、同乗していたアメリカ人の機長でさえ、フランスの管制官が言った指示が聴きとれず"What did he say"と日本人の私に聴くことが度々あった。管制英語も、「習うよりも慣れよ」である。

第6章 航空界のプロとして

6.1 安全意識はリスク意識・プロ意識・重要度の把握から

　トラブルやインシデントが発生するとメディアなどから「安全意識が欠如していた」と指摘される。しかし、現場の人間は決して安全意識が欠如していたわけではない。安全を最優先することも誰でも十分に分かっている。ただ忙しさや他のテーマに気をとられて「今何が一番大切なのか」が抜けてしまうことがある。現場のリーダーとして、また航空会社の安全を担当する部門の責任者として、安全意識という抽象的な言葉を浸透させることの難しさを感じていた。そして、具体的なリスク意識（危険意識）、プロ意識、今何が大切かという重要度の把握が結果として安全行動に繋がることに気付いた。

　人間は動物と同じようにコワイことを感覚的に分かっていれば、本能的に危険を避けるようになる。安全意識は、まずコワイこと、リスクに気付くことが出発点でもある。

　どんなに忙しくても「今何が大切か」を一瞬でも立ち止まって考えて行動することにより、「安全意識が欠如していた」と指摘されるようなことがなくな

図6-1　安全意識の醸成

るのではないかという考えに至った。さらにもう一歩進んで、プロ意識、プロとは何かということに気付くようになると、自主的に安全行動をとれるようになる。この考え方、意識の持ち方を機長昇格訓練投入前のセミナーなどで話してきた。

6.2 能力の向上という「報酬」

(1) プロとは

「プロとは」について調べるとさまざまな高尚な説明がある。最も簡単に言えば「プロとは仕事をすることにより報酬を得ている人」と言える。報酬といえば誰でも頭に浮かぶのは、仕事の対価としての給料や収入である。生活をしていくうえで最も大切な報酬である。人によってその他の報酬にはいろいろある。そのなかには、「能力の向上」「やりがい・生きがい」「人間的成長」なども貴重な報酬と考えられる。

(2) リスク意識（危険意識）

人間も動物と同じようにコワイことを感覚的に分かっていると、人から言われなくても自主的にそのような危険なところには近づかないし、危険なことはしない。それは、人間の本来持っている心理である。この人間の心理をうまく表現している古典がある。吉田兼好が遺してくれた『徒然草』である。そのなかの「木登り名人」に示されている。木登りの親方は弟子が木の高いところで作業をしているときは何も言わない。弟子が高所での作業を終えて地上に近くまで降りてきたときに、はじめて「おい！気を付けろ！」と注意したという内容である。高所での作業は危険を伴い、誰だってコワイ。弟子も親方から言われてなくても、十分注意する。しかし、地上に近くまで降りてくると安心して気が緩む、そこで親方は初めて注意

する。この人間の心理は今も全く変わっていない。

　安全意識という抽象的な言葉では、人間安全行動を徹底すること
はほぼ不可能である。コワイ、危ないという感覚に訴えることが、
安全行動に結びつく一番の方法である。そのためにはどうするか。
敢えて危険に近づく経験をさせる教育もあるが、それは事故との紙
一重である。組織が一般的に考えることは、事故の映像や写真、事
故に遭遇した人の経験話を聞かせるなどの方法がある。

　日本航空の「安全啓発センター」を見学すると、誰もが安全意識
などというものは通り越して、絶対に事故を起こしてならないとい
う強い思いが湧いてくる。1985 年 8 月 12 日に御巣鷹の尾根に、
ジャンボ機が墜落して 520 名の尊い命が失われた事故の事故機の
残骸の一部、座席、亡くなった乗客の遺品や家族に宛てたメモなど
を目にしたら、誰でも「絶対に事故を起こしてはならない」という
思いが強くなる。日本航空は「安全の礎」として、グループ社員の
安全教育に負の遺産である「安全啓発センター」を開設した。その
後、日本航空グループ社員だけでなく、全国の多くの企業団体が安
全教育の一環として同センターの見学に訪れている。

(3) プロ意識
①プロ意識は結果として安全行動に結びつく

　筆者は各企業や団体の安全講話のなかで必ずプロ意識について触
れている。その理由は、プロ意識が自主的な安全行動に結びつくか
らである。

・プロとは

　一般的にプロというとプロ野球の選手、プロゴルファーなど有名
人を連想するが仕事することにより報酬を得ている人のことをいう。
簡単に言えば社会人はみんなプロである。そして、報酬は企業・団

体に務めている人は給料であり、自営業の人は収入であることは誰でも理解できる。しかし報酬というものはそれだけでなない。

・報酬の種類

①給料・収入（これは誰でも理解できる）

②能力の向上（仕事を通じての能力向上は貴重な報酬の一つ）

③やりがい・生きがい（これも大切な報酬の一つ）

④人間的成長（この報酬に気付と何歳になっても成長し続ける）

　仕事を通じて、その業務を遂行するための「能力の向上」はプロとしての大切な報酬の一つである。航空界で働いている人にとって、運航、整備、空港部門などの専門性の高い仕事をしている人にとっても、管理部門、事務部門で働いている人にとっても、仕事を通じて自分の能力が向上すれば、仕事に対する自信というモチベーションがアップする。本人にとっては気づきにくい「報酬」であるが、モチベーションは、社会人として、プロとして成長していくうえで非常に大切な要素である。

　筆者がこれに気づいたのは40歳の頃であった。「会社は給料を払ってくれて、能力を磨く機会を与えてくれる予備校だ」と気づいたのだ。ちょうどそのころ、航空会社の乗員部の国際路線室の主席になり、誰がどの路線を担当するかを決める際に、筆者は一番きつくて、大変な中近東路線の担当主席に手を挙げた。

　当時、イラン・イラク戦争の真っただ中で、ほとんどの人が「中東は危ない」というだけで、どういう状況が危ないのか、どこまでなら安全なのか、危険を避けるためにはどうしたらよいかという議論はほとんど行われなかった。

　「危ない」と言われている中近東路線を安全に飛ぶには、中東情報、軍事情勢、兵器の性能などの情報が必要であった。しかし、社

内にはそのような情報はほとんどなかった。

　中近東路線の責任者として、筆者は自費で欧米の危機管理の資料を、中東情勢は石油関係者からの話や MEES（Middle East Economic Survey：中東経済調査）という中東石油経済出版社（キプロス）が発行しているニュースレターや、OPEC（石油輸出国機構）の発行物など、中東情勢や中東の石油施設などに詳しい雑誌などから収集した。兵器の性能はイギリスの「ジェーン年鑑」など、海外の軍事雑誌を取り寄せて、イラクやイランの兵器の性能や戦闘機の行動範囲を調べた。特にイラクの戦闘機の行動範囲が、民間機の飛行ルートに影響するかどうかを、数字を含めて具体的に調べた。

　当時、英国とイランは国交を断絶していたのにもかかわらず、英国航空はイランの空域を飛行していた。日本の日本航空だけが、イラン上空は戦争地域だという理由で、イラン上空を避けてイランの南側を大きく迂回するルートをとっていた。そのために、飛行時間が伸びて、勤務協定の乗務時間を超える時もあった。

　国交を断絶している英国でさえ、イランの上空を安全に飛行しているのに、なぜ日本だけが迂回しているのかと疑問に思った筆者は、中近東路線の責任者としてパキスタンのカラチ支店とイランのテヘラン営業所を通じて、イラン上空の飛行許可を取得して貰い、海外の航空会社と同様にイラン上空の飛行を 2 回実施して、管制との通信状況、飛行の安全を確認して、会社に報告をした。その結果、日本航空もイラクの戦闘機の活動範囲からは程遠い、イラン南部の上空を飛行するようになった。

　イラン・イラク戦争末期から、湾岸危機でイラクに人質になった邦人救出を終えるまで、イラク中東情勢、軍事資料等の情報収集に使ったお金は、高級車が買えるくらいであった。子供から「どうしてうちは貧乏なの」と言われた。しかし、おかげで情報収集の仕方、

危機管理の実際が身に着き「いつ会社を首になってもメシが食える」という自信が付いたことは、散財以上の大きな「報酬」であった。

　必死になって勉強をする機会、自分の能力を磨く機会を与えてくれた会社には、感謝の気持ちしか残らなかった。

　1980〜1990年代における紛争地帯は、国と国との紛争で、正確な情報を収集すれば、どこまでが安全で、どこからは危険な空域であるかは、ほぼ把握することができた。

　しかし、最近は、国家間の紛争ではなく、武装集団やテロリストとの闘いが主である。しかも、武装集団やテロリストが高性能の武器を所持している可能性がある。その犠牲になったのが、2014年7月にウクライナ東部で、マレーシア航空のB777が撃墜された事件である。筆者が経験してきた2000年以前とは、状況がまったく変わって来ている。民間機は紛争地域を回避して飛行すべき時代になった。

　イラン・イラク戦争は1988年に終結したが、今度はイラクのフセイン政権による湾岸危機が迫ってきた。1990年の夏に、当時の海部首相の中東5か国訪問の準備で、筆者はオマーン、サウジアラビア、エジプト、トルコ、ヨルダンの各空港を、首相フライトに備えての調査に行った。

　ヨルダンでは、首都アンマンのクイーンアリア空港から、アンマンの市内のホテルに向かう途中、何度も警備兵から自動小銃を突き付けられ、手荷物を開けさせられて検査を受けた。身分証明書を見せて「来月あなたの国に日本の首相が訪問する、私はその準備で来たのだ」と言っても、有無を言わさずに、荷物を開けさせられた。

　ホテルに到着して、フロントのスタッフに、「なぜこんなに厳しいチェックをするのか」と尋ねると「イラクの戦車隊がクウェート

との国境に集結しているからだ」ということだった。それを聞いて、筆者はすぐにホテルのSITA回線を使って東京の本社宛に「クエートが危ない」というテレックスを打とうとした。

　しかし、落ち着いて考えると、一機長からのテレックスによる情報で、国や会社が動くはずもない。それにイラク情勢は、アメリカをはじめ、日本の官邸も十分承知しているはずだ。当時開催中のOPEC総会で、イラクが1バレル25ドルを主張していることに圧力を掛けるためだろう、と思い直して東京にテレックスを打つことは止めにした。

　しかし、中東での二週間の調査を終えて、7月31日に帰国した2日目の8月2日に、イラクが国境を越えてクエートに侵攻したというニュースが飛び込んできた。「やはり、そうだったのか！」と思った。そして、イラクはイラクとクエートに在留、滞在していた邦人をはじめ、外国人を「人の盾」としてイラク国内に人質にしてしまった。

　それから、12月に最後の邦人男性が解放されるまでの5か月間は、通常のラインフライトも続けながら、イラン・イラク戦争当時の情報収集に加えて、国連の安全保障理事会の動き、イラクのスカッドミサイルの性能、クルド人に使用した生物化学兵器などの情報収集も行いながら、イラクから解放された際の邦人救出フライトに備えた。

　9月に入り、イラクは女性と子供を解放することになった。その救出フライトの準備をしている最中に、国連筋から安全保障理事会がイラクに対する「空域封鎖」を議決したという情報を得た。

　この「空域封鎖」とは、近隣諸国からイラク国内に通じる航空路を閉鎖して、人道的な物資以外、特に軍事物資等をイラクに搬入させないための措置である。その疑いのある航空機に対しては強制着

陸をさせて、積荷の内容を検査することである。これを「臨検」という。その役割を担ったのが、イラクとの国境、空域を接し、かつNATO（北大西洋条約機構）の加盟国でもあるトルコであった。

　人道的な見地から、Ｒ22というトルコ領内からイラクのバグダッドに通じる航空路だけは、封鎖されずに残された。

　国連安保理が「空域封鎖」を議決したその翌日には、旧ソ連、ポーランド、インドの民間航空機が強制着陸をさせられて、臨検を受けたという情報を得た。3か国の航空機が臨検を受けた3日後に、イラクから解放された邦人の女性子供の救出フライトを実施すること決まった。

　筆者は、ここで危機管理の鉄則である「悲観的に準備して楽観的に対応」に従い、考え得る悲観的な状況に対する準備にとりかかった。

　まず、イラクに近接するトルコ領内を飛行中に強制着陸させられて「臨検」を受けないように、いつでも積荷の内容を答えることができるよう準備した。搭載部門に、当日の搭載荷物についての英語のリストを作成して貰って用意した。

　それでも万が一、強制着陸をさせられた場合に備えて、運航管理部門には、トルコ領内でDC10が着陸可能な空港のチャートをすべて用意して貰い、救出フライトに臨んだ。

　実際にイランの空域からトルコ領内に入ったとたんに、トルコの管制官から目的地、飛行の目的、積荷の内容を誰何された。筆者は準備してきた通りに答えると、そのままヨルダンのアンマンまでの飛行続行を許可された。もし、このときトルコからの誰何に対して、十分に答えることができなかったら、強制着陸をさせられた可能性もあったであろう。

　こうした特別なフライトは必ず、組織管理職乗員だけで構成され

図 6-2　国連安保理の空気封鎖の中を飛行した時、実際に筆者が使用した
　　　　チャート

た。その中でも年齢が一番若く、かつ状況を熟知していた筆者は、
日本を出発する前のブリーフィングを担当し、救出フライトでも常
にコーパイロット・デューティーを担当して、管制官とのやりとり
をした。

　仕事を通じて、勉強させて貰い、能力を磨く機会を与えて貰う事
例として筆者の経験を紹介した。また「空域封鎖」について情報収
集を、かつ、実際に「空域封鎖」の空域の飛行を経験した唯一の日
本人として、その実態をこの本を通じて紹介させていただいた。

　政府専用機が導入されている今日では、日本の民間機が「空域封
鎖」の空域を飛ぶことは、まずないであろう。政府専用機が導入さ
れた当初、政府専用機を運航する航空自衛隊員の皆様には、ルート
ブリーフィングの際に「空港封鎖」について説明させていただいた。

　またこの機会に、戦争状態になると、軍事力に裏付けされた通貨
しか通用しないという事例についても、紹介しておくことにする。

1990 年の 9 月になって、最初に女性と子供が解放されてから、その年の 12 月に最後の男性が解放されるまで、数回にわたり邦人、東南アジア人の救出フライトを行った。平時においては、どの空港でも、クレジットで燃料を補給してくれる。しかし、戦争またはそれに近い状態になると、その周辺国の空港では、軍事力に裏付けされた米ドルの現金以外は通用しないということを、この湾岸危機のフライトで身をもって体験した。

添乗の運航管理者が、ポシェットに大事に持参した分厚い 100 ドル紙幣の束で、燃料代金を払っていた。また、湾岸諸国の通貨はディナールという単位が多いが、平時には 1 ディナールが 500〜600 円が交換レートである。この時には、市内の両替屋では一律 5 円位になってしまった。しかも、現地通貨に両替しようとしても、米ドルしか受けとって貰えなかった。戦争状態になると、こうしたことも起こりうるのだ、という現実にショックをうけた。

1990 年 12 月に、最後までイラクに人質として残っていた日本人男性の救出フライトを無事に終えた筆者は、それまで収集した段ボール数個分の情報を、ほとんど捨ててしまった。それと引き換えに、仕事を通じて得た「どこにいってもメシが食える」という貴重な「報酬」が残った。

なお、湾岸危機時の邦人救出フライトに関しては、日本航空協会発行の『日本の航空 100 年』の 417〜421 ページに「中東湾岸危機邦人救出フライト」として、筆者の記事が詳しく掲載されている。

6.3　航空界で働くプロに求められるテーマ

航空人である前に、人間として、社会人として、しっかりとしたものを持っていれば、それ以上、特別の心構えというものは必要ない。ただし、各業務に伴う特殊性、専門性については配慮を求めら

れるのは、当然のことである。

　運航に直接関わる乗員を含めた運航部門、整備部門、カウンター、出発等の空港部門の求められているテーマには、安全を最優先に、定時性、快適性、効率性がある。しかもそれぞれのテーマは、こちらのテーマを優先すれば、あちらのテーマをある程度犠牲にしなければならないことになる。それぞれのテーマが相反する。これらの相反するテーマの中で、その時、その場の状況に応じて、何を優先するかが、航空界で働くプロにとっての判断が試されることになる。

　「安全を最優先させる」と、口で言うのは簡単である。その「安全」とは「常に危険やリスクを認識して、リスクマネジメントを実施することにより、どんなことがあっても常に許容範囲内に維持する」ことが求められているのが航空界である。

　しかも、航空会社も公共交通機関として、利用者にとっては、安全は当たり前のことである。効率性も利用者の関心事ではなく、定時性、快適性が日常的な関心事である。利用者にとって通常は、安全、効率性に関しては見えないテーマである。航空人、特に運航に関わる者にとっては、見えないところの「安全」を胸のうちに秘めながら、その時、その場の状況に応じて、どのテーマを優先するかを総合的に判断し行動することが求められるのである。

　航空人としては、うまくやろう、スマートにやろうというよりも、確実にやるのだという意識が、真の航空プロとして必要ではなかろうか。

　航空界も他の業界同様に競争が激化し、それに伴いサービスの競争も激しくなっている。これも時代の流れで当然ではあるが、公共交通機関である以上、安全、定時という当たり前のテーマは「何も感じさせないこと」が一番求められることである。従って、航空人として、仕事をするうえで、究極に目指すところは、利用者に「何

も感じさせないこと」ことではなかろうか。

6.4 才能と天職について

パイロットを目指す学生や生徒などから「自分は才能があるでしょうか」という内容の質問を受けることがよくある。「オリンピックに出場するようなアスリート、音楽、芸能界などの生まれながら持っている才能が影響する職業を除いて、才能はやってみなければ分からない」と答えている。敢えて言うならば「才能とは、諦めないこと。コツコツと続けること。量を質に転換できるまでやってみること」と答えることがある。

また「自分はパイロットに向いているのでしょうか」という質問も受けることもある。その際には「向きということを問題にするなら、前向きか後ろ向きしかない」と説明している。

これらの答えは、筆者の経験をもとに、若い人たちに言っていることであって、優秀なパイロットからは、当然異論があがることが予想されるが、若い人たちには夢に向かって諦めずに挑戦して貰いたいという気持ちから敢えてこのように答えている。

図6-3　若い人達への講演の様子

6.5 高度一万メートルから見た地球に 教えられたこと

　筆者が40年間、南極以外はほぼ隈なく、高度一万メートルから地球を見続けてきて、地球から教えられたことには、次のようなものがある。もちろん、これは学者や研究家でもない一人のパイロットとして見たまま、感じたままのメッセージである。なお、高度一万メートルからの写真は、地球環境のための資料として、特別な許可を得て、巡航中飛行の安全を確認したうえで撮ったものである。

①「かけがえのない」地球の美しさ

②「かけがえのない」という言葉の大切さ

③地球は丸い、それほど大きくはない

④地球は誕生してから46億年たつがまだ活動的である

⑤近年の急速な温暖化により地球の姿が変貌している

⑥地球温暖化による気候変動が激しい

⑦地球はバランスをとろうとする

⑧人間が傲慢なことをしなければ地球には回復力がある

　この中でも、特に多くの方々に感じていただきたいメッセージは「かけがえのない」という言葉である。操縦席から地球を眺めていて浮かんでくる言葉が「The Only One Earth（かけがえのない地球）である。この言葉から派生して、「The Only One Life（かけがえのない人生)」という言葉、そして「Only One（かけがえのない)」という言葉にゆきつくのだった。

　「かけがえのない」という言葉をできるだけ多くの方に、大事にして貰いたく、テレビ、ラジオの地球環境の番組に出演した際には、何度も強調してきた。「かけがえのない」という言葉の意味を大切にすることにより、自分の人生はもとより、他人の人生も、物も、

動物も、植物も自ずと大切にすることになる。これは、今世の中で起こっているさまざまな痛ましい出来事が、相当少なくなるはずだ、という想いを含んでのメッセージでもある。

図 6-4　真夏でも白い氷に覆われ、わずかに割れ目が見える 2000 年以前の北極海

図 6-5　青い海面をのぞかせる 2008 年 8 月の北極海

COLUMN ⑫

人間が傲慢なことをしなければ地球には回復力がある

　ベトナム戦争末期の頃、DC 8 の副操縦士であった筆者は、アメリカ人の機長と香港―バンコク間をよく乗務した。夜間のフライトでは、地上砲火の様子が目に入った。昼間のフライトでは、米軍の枯葉作戦によって、ジャングルの一部が灰色になっているのが分かった。永久に緑は戻らないかも知れないと心配になった。

　DC 10 で機長に昇格し、組織管理職となった。日本とベトナムが国交を再開してから最初に日本からベトナムにチャーター便を運航することになり、筆者はホーチミン（旧サイゴン）空港を調査に行き、そのチャーター便を乗務した。それから、何度もベトナムの上空を飛行するが、灰色だったジャングルは緑色に戻っていた。

　湾岸戦争で、一時クウェートを占領していたイラクが米軍を中心とした多国籍軍に敗れて撤退する際に、クウェートの 74 か所の油田を爆破してしまった。海岸線近くの油田から原油が流れ出し、ペルシャ湾が死の海になるのではないかと心配したが、流れ出した原油を中和し、取り除く作業とともに、原油を食べるバクテリアによって、コバルトブルーのペルシャ湾が戻ってきた。

　高度一万メートルから地球を眺めていると、このように「人間が傲慢なことをしなければ地球には回復力がある」ということを教えられた。

第7章　航空の現場における安全確保

7.1　日常業務における安全確保

　ここまで、第1章から第4章までは、航空安全について、大枠で捉えてきた。国際機関である ICAO に準じた我が国の取り組み、安全を支える四本の柱と土樹としての安全文化について把握した。

　人間が人間である以上、永遠の課題であるヒューマンエラー対策と常に安全を許容範囲内に維持するためのリスクマネジメントについて考えてきた。

　そして、どのような事態に遭遇しても、最悪の事態を防ぐために必要な危機管理についてその原理原則を紹介した。航空の安全を確保する考え方を把握できた。そこで、この章では実際に航空の現場で働くものとして、日常の現場ではどのようにして安全を確保するかを考えてみたい。

7.2　目の前で起こる事象に対する安全確保の意志決定と行動のループ

　私たちは通常、目の前で起こっている事象にたいして、それを観察し、何が起こっているか、どうなっているかの状況認識をし、これからどうなるかの予測、状況判断をし、それに基づいて、どうするかの意志決定をして行動する。この一連の意志決定と行動のループは通常は意識する、意識しないと拘わらず誰でも行っている。特に時間の要素が大きく関わってくる航空の現場では短時間に行っているケースが多い。

　企業・団体の組織の安全施策、安全対策は、計画（Plan）―実

行（Do）―評価・分析（Check）―見直し（Act）のいわゆる PDCA サイクルである。PDCA はこのサイクルを回すことにより改善していくのに対して、現場ではその都度、一連の流れのループで終結する。そして、また新たな事象に対して、観察・情報取集―状況認識・状況判断―意志決定―行動の一連のループでマネジメントを実施して業務を遂行し、安全を確保している。

　問題はこの一連の流れの各フェーズの中身である。そのためには、各フェーズの持つ意味を理解し、その能力を磨いていくことで、現場で質の高い業務、安全確保を遂行することが可能となる。

7.3　日常の現場における安全確保の
意志決定と行動のループ

　日常業務で成果をあげる意志決定、行動のマネジメントとして、最近アメリカのシリコンバレーをはじめ欧米のビジネス界で注目されており、日本の一部の企業でもすでに取り組みはじめているのが OODA というマネジメント手法である。OODA は Observe（観察・情報取集）、Orient（状況認識・状況判断）、Decide（意志決定）、Act（行動・実行）の頭文字をとったものである。

　PDCA の出発点が計画であるのに対して、OODA の出発点は観察・情報収集である。また PDCA の時間軸は通常、年または月単位であるのに対して OODA のそれは通常、時間または分、時には秒多単位のこともある。ただ PDCA と OODA は対立するものではなく、国や企業・団体の組織が策定した PDCA サイクルのなかでの日常業務において実施して、PDCA で策定した目標を実現するめに寄与する意志決定、行動のマネジメントである。

　従って、PDAA と OODA は大きな目標を実現するためのハイブリッド（Hybrid）のマネジメントであるとも捉えることができる。

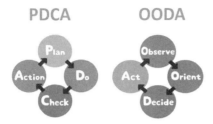

図 7-1　PDCA と OODA

安全に関しても、企業・団体の安全目標をこの PDCA と OODA の
ハイブリッドマネジメントによって達成するという考え方は大変有
効である。

　OODA を発揮して、日常業務において安全を確保し、質の高い
業務を遂行するための 3 原則として次のことが大切である。

①OODA の特徴を把握していること

②OODA の各フェーズの意味、機能を理解把握していること

③OODA の各フェーズの能力を磨いていく

7.4　Observe 能力を向上させる

　Observe 能力とは観察力、情報取集能力・情報に対する感度で
ある。Observe 能力を向上させるためには、次のようなことを
心掛ける。

(1) 目的意識・問題意識、リスク意識、プロ意識をもって仕事に
　　臨む。

(2) うまくいっているときこそ注意してものごとをみる。

(3) 観察力とは少しの変化に気づく力である。デジタル化が進む
　　社会にあってこそ「視覚」「聴覚」「嗅覚」「味覚」「触覚」の五感
　　をつかって日常生活を楽しむ。

(4) 異変に気付くためには正常な状態をしっかりと把握しておく

(5) 何事にも好奇心をもつ。

(6) 価値観の異なる人とも話をする、異業種の人とも交流する。

7.5 Orient 能力を向上させる

(1) OODA を発揮して安全を確保し、質の高い業務を遂行するためには、Observe と、この Orient が鍵を握っていることを認識する。Observe、Orient が十分に機能しない

図 7-2 Orient

と、Decide 意思決定）と Act（行動）がうまく機能せず、場合によっては不安全行動となって安全を確保できないことになる。業務の成果も芳しくなくなる。

(2) 航空機事故の要因の多くに Orient（状況認識・情報判断）の不具合が関与していることが多いことからも、Orient の大切さが分かる。

(3) 必要な専門分野の知識を修得する。専門領域以外の分野にも興味を持つ。

(4) 自社事例、他社事例、他業界の事例を参考に Evidence base の想定シナリオを策定しておく。

(5) 日頃から「なぜ？」「何の目的で？」を考え本質を把握する習慣を作る

(6) 日頃からものを判断する際に複数の情報で判断する習慣をつくっていく

(7) ひとつのことが発生（起こった）際に、それが他にどのような影響を与えるかを考える習慣を作っていく。

(8) Orient の具体的な 4 つの段階

　・レベル 1：異変に気づく

　・レベル 2：異変は何かを認識する

　・レベル 3：認識した事象原因を推定する

　・レベル 4：これからどうなるかの予測。状況判断をする

7.6　Decide 能力を向上させる

(1) 観測・情報収集と状況認識・状況判断に基づいて意志決定をする。

(2) 意志決定には判断と決断とがある。判断基準があれば通常はその基準に従う。

(3) 正しい判断をするためは、規定類、基準書、手順書の適用法を熟知しておく。

(4) 判断基準がない事象に遭遇した場合は、過去事例、データ、複数の意見、原理、原則も参考にして判断する。

(5) 判断基準もなく、即意志決定が求められるケースでは、決断するケースが多い。決断する際に迷った場合は、安全を優先する決断をする。

(6) 日頃から意志決定する際には優先順位をつける習慣を作っておく。

(7) 想定外の事態、非常事態に遭遇した場合はこれ以上事態を悪化させないという　現象のリミットと、そこに至る時間のリミットを速やかに設定する

(8) 想定外、非常事態に遭遇した際に、逆算のタイムマネジメントを実施できるためには、日常業務においても時々逆算のタイム

マネジメントを実施しておく

7.7　Act（行動力・実行力）を向上させる

（1）OODA における意志決定と行動はほぼ一体である。

（2）行動（実行）があってこそ結果があることを認識しておく。

（3）意志決定したことはすぐ実行する習慣をつくる

（4）意志決定したことはすぐ実行する際にも、落ち着いた口調、
　動作で行動する。

（5）空港での業務は多くの旅客がスタッフを見ている。安心感、
　信頼感を与えるためには空港は舞台だという意識での言動を。

第8章 リーダーとしての機長に 求められる条件

8.1 自己コントロール（Self-Management）

(1) リーダーに求められる条件

リーダーに求められる条件に自己コントロールがある。リーダーはその職権で組織を型式的にはある程度コントロールできる。また、自分自身はこうあるべきだということもリーダーは十分に分かっているはずである。しかし、なかなかそれができないのが人間の常である。ある意味では自分自身をコントロールすることが一番難しい。特に非常事態、危機的状況に遭遇したときに、どれだけ自分自身をコントロールできるかで、リーダーとしての真価が問われる。筆者も経営団体で講演や管理職セミナーなどでもリーダーに求められる条件に自己コントロールを真っ先にあげている。

図8-1 リーダーに求められる条件

図8-2 ローマ時代のリーダーの条件

これは機長としての経験から言えることである。機長は飛行機をコンロトールする前に、まず自分自身をコントロールしてはじめて飛行機をコントロールできる。特に緊急事態では表面化する。それを実際に示したのが、「ハドソン川の奇跡」と呼ばれるサレンバーガー機長である。

(2) ハドソン川の奇跡

2009年1月15日、サレンバーガー機長が乗務するUSエアウェイズ1549便はラガーディア空港離陸直後、カナダガンの群のバードストライク（鳥衝突）に遭遇し、両エンジンとも停止に近い状態になった。そのため推力をほとんど失い、飛行高度の維持ができず、ラガーディア空港に引き返すことが不可能となった。管制官のアドバイスにより、いったんハドソン川の対岸にある、テターボロ空港に向かいかけたが、高度と速度が低すぎるため、機長はハドソン川に緊急着水することを決断した。対応にあたっていた管制官も、機長からの交信の内容に耳を疑い「"Say Again"（もう一度言ってくれ）」と聴きなおしたほどの「まさか」の決断だった。

しかし機長の冷静沈着な操作で、無事にハドソン川に着水した。また、たまたま居合わせたフェリーと、そのフェリーの呼びかけに応じた複数のフェリーの迅速な協力もあって、一人の犠牲者も出すことがなかった。

この日、筆者はフライトの出先のホノルルに滞在していた。アメリカのほとんどのテレビ局がこのニュースを放映していた。どのテレビ局も「Miracle」とか「Miracle on the Hudson」と報じていた。その後、日本でも「ハドソン川の奇跡」として有名になっている。2016年にはクリント・イーストウッドの監督で映画化された。

ホノルルから帰国後、民放の報道番組に出演した際、「機長が、

墜落寸前の飛行機をコントロールする以前に、自分をコントロールしていたことは機長として素晴らしい」と、コメントした。

　なぜこのようなコメントをしたかというと、あらかじめテレビ局が入手していた、管制官と US エアウェイズ 1549 便との交信記録の音声を聴いたとき、「この機長は、緊急事態においてもいつもと変わらない冷静な声と口調であり、自分自身をコントロールできている」と感じたためである。

　人間は、突発的なこと、危機的な状況に遭遇すると、上ずった声で早口になりやすい。こうなると常日頃できること、訓練で身に付けたこともできなくなってしまう可能性がある。

　緊急事態に遭遇したときでも、腹の底からゆっくりと、はっきりと発音するだけで、自分の気持ちが落ち着き、常日頃実施していること、訓練通りのことができる。そして、リーダーが落ち着いていれば、他のメンバーも動揺せずに訓練通りに実施できるはずである。

　この機長も、記者会見で「訓練通りにやったまでです」とコメントしていた。機長は、その後『HIGHEST DUTY：My Search for What Really Matters』という本を出版した。日本では、十亀洋氏の訳で静山社から、『ハドソン川の奇跡　機長、究極の決断』として出版されている。

　日本語版の出版に際して、サレンバーガー機長が来日すれば、筆者との対談を実現させたいと言っていたマスコミがあったが、残念ながら、彼の来日は実現しなかった。いずれは「機長の決断」について、じっくりと語り交わしてみたいものである。

　さて、「ハドソン川の奇跡」から教訓を得たこともあり、講演では「トラブル、突発的なこと、危機に遭遇した場合、トップやリーダーは、2、3 秒の“間”をおいて、ゆっくりと腹の底から発声すること。そうすれば、自分自身を落ち着いてコントロールできる。

リーダーが落ち着いていれば、部下もパニックにならず、常日頃できることができる」とアドバイスをしている。

　このようなことから、リーダーに必要な資質として、真っ先に「自己コントロール」を挙げたい。この点を強調するのは、筆者だけではない。ローマ時代の小説などを多く手掛けておられる、作家の塩野七生さんも、皇帝たる条件として「自己制御」を挙げておられる。

　塩野さんが挙げるリーダーとしての条件には判断力や決断力が入っていないが、これは、リーダーが判断力や決断力を持つのは、当たり前のことだからということだそうである。

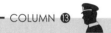

COLUMN ⑬

自己コントロールと自分との約束

　自己コントロールは危機管理だけでなく、人生にとってもとても大切な要素である。筆者は学生の就活指導や若い人たち向けの講演などで「自分との約束を守ることができれば、誰でも夢を実現できる、スゴイ人になれる確率が高くなる」とアドバスしている。人との約束は守らなかったら、非難されることや、信用を無くしてしまうので、ほぼ守っている。自分との約束は守らなくても、誰からも非難されない。つい守らない人が多い。自分との約束を守るためには、しっかりとした自己コントールが必要である。自分で決めたこと、計画したこと守っていく（確実に実行する）と、夢の実現し、誰でもスゴイ人になれる。

8.2　健康管理能力

(1) 健康管理は自己管理

　パイロットは厳しい自己管理が求められる職業である。その中に健康管理がある。

　ここには、二つの重要な意味がある。一つは、航空法に定められている、定期的に受診する航空身体検査で、これを満たさない限り乗務できない（詳細な身体検査基準については、航空医学研究センター HP を参照）。

　しかも、晴れて基準を満たし、ライセンスを発給されたとしても、その内容は身体検査を受診したときの、スポット的な健康状態に過ぎず、日常乗務する際の健康状態を診たものではない。

　そこで当然だが、乗務に際しては、心身ともに万全の状態で臨むことが求められており、基本的には疾病の状態では乗務はできない。服用を許可された薬以外は、薬を飲んでの乗務もできない。

(2) 健康管理は危機管理に繋がる

　日本では、1982 年の日本航空機の羽田沖事故以来、世界でも最もきめ細かい健康管理体制が実施されてきている。さらに日本が世界に先駆けて行った、定期航空会社における 67 歳までの加齢乗員の年齢制限の引き上げ、2015 年に起こったドイツのジャーマンウィングス機の副操縦士の意図的な墜落事故などもあり、航空各社ではよりしっかりとした健康管理体制が求められている。

　とはいえ健康管理は、パイロット自身の自己管理が基本であることに変わりない。

　パイロットにとって、健康管理が重要であるもう一つの理由は、健康管理は危機管理との関係が深いということである。

図 8-3　1982 年に起きた日本航空機の羽田沖事故
（日本航空 350 便墜落事故）

　健康管理と危機管理の考え方、取り組む姿勢は同じである。日々の健康管理で身に付けた「自己コントロール」のコツは、安全運航を維持するための「自己コントロール」、トラブル等に遭遇した際に「飛行機をコントロールする前に、まず自分自身をコントロールできる」能力に活かされる。このことは目には見えにくいが、機長の危機管理にとって非常に重要な関連性が含まれているのである。逆に、機長としての危機管理で身に付けた考え方、取り組み姿勢や「自己コントロール」の習慣は、そのまま日々の健康管理の習慣に繋がっていくのである。このことは、筆者の長年の経験から確信をもっていえる。

(3) 飲酒問題への対応

　アルコールは注意力、判断力に影響を与えるため、乗務前の運航乗務員の飲酒については昭和の時代から厳しい基準が設定されてい

た。国の基準は乗務の 8 時間前、大手 2 社はそれより厳しい 12 時間前の飲酒は禁止されており、12 時間前であっても乗務に影響を与える飲み方は禁止されていた。この規定が長年続いていた。

2018 年 10 月に日本航空の副操縦士がロンドンのヒースロー空港の出発時にロンドン警察によるアルコール検査（呼気）で英国航空法に定める基準値を超える疑いがあり、ロンドン警察に拘束される事案が発生した。このことは日本でも大きく報道された。

国は危機感を持ち、2018 年 11 月に国土交通省内に有識者による「航空従事者の飲酒基準に関する検討会」を設置して検討を重ねて、2019 年 3 月に基準をまとめ、4 月から施行した。その基準は世界で最も厳しい基準となった。航空会社では、運航乗務員、客室乗務員は乗務の前後で、アルコール検査の義務化、運航整備士、運航管理者は業務前の、アルコール検査の義務化となった。

その基準値は、血中濃度は 0.2 g または呼気中濃度 0.09 mg/l となった。

自家用運航者についても、基準値は航空会社の運航者と同様の血中濃度は 0.2 g または呼気中濃度 0.09 mg/l である。国の管理空港 (21 空港) においては抜き打ち検査を、それ以外の空港においても各空港に対して同様の抜き打ち検査を要請している。

飲酒の問題も本質的には自己コントロールの問題である。パイロットとしての適性の本質に関わる問題であり、こうした問題が発生したことは、ごく一部の乗員によるものではあるが非常に残念なことである。

ただ、余りにも厳しい基準、規定は、かえって乗員の本来の注意力の阻害要因にもなりかねないリスクがある。一つに、乗務前に加えて乗務後もアルコール検査を実施する規定がある。パイロットは操縦席にアルコールを持ち込んで飛行中にアルコールを飲むことは

物理的にも不可能である。飛行中の食事によっては微量なアルコールが検知する可能性を心配しながらフライトをしていると、当然注意力、判断力に影響が出ることも考えられる。また、航空法で定める出発前の重要な確認事項を実施する際に、アルコール検査に必要以上に神経を使うことになると、確認事項への注意力が低下する可能性もある。

パイロットの自己管理の重要性を今一度徹底することと、実態に合う規定の見直しも必要だと考えられる。

(4) 疲労管理

航空運送サービスは 24 時間 365 日であり、所属するパイロットは、一般的な業務とは異なり、業務する時間帯が一定ではなく頻繁に深夜業務を行う可能性があること、運航中は多くの旅客の命を預かるという重い責任があること、長時間の覚醒状態が求められること、国際線の運航では時差の影響を受けることなどにより疲労が発生・蓄積しやすい業務環境である。そうした中でパイロットの疲労に関連する航空事故が世界的に顕在化しており、ICAO において疲労管理基準のガイダンスが 2016 年 11 月に制定された。これを受けて我が国も「操縦士の疲労管理に関する検討会」で検討を行い、2019 年年 3 月にパイロットの疲労に着目した安全基準をとりまとめた。その主な内容は以下の通りである。

・現行の操縦士の乗務時間に関する上限基準
・飛行勤務時間（勤務開始から乗務終了までに関する上限基準)
・必要な休養時間の明確化
・乗務時間帯、飛行回数、時差などを考慮した基準

この国の疲労管理基準に対応して、各航空会社は乗員の乗務時間、勤務時間、教養時間等のきめ細かい基準を策定した。

COLUMN ⑭

疲労が要因の可能性の航空機事故

コルガン・エア（DHC 8-400）3407 便が平成 21 年 2 月 12 日、バッファロー・ナイアガラ国際空港に ILS アプローチ中、突然機首が上がり失速。空港手前 10 km のバッファロー郊外の住宅地に墜落し、乗客乗員全員 49 名が死亡したほか、墜落現場となった民家で住人が 1 名死亡、2 名が負傷した。米国家運輸安全委員会は、失速警報の設定ミス及び失速時の対処ミスが直接の原因とした。その背景には、CVR（コクピット・ボイスレコーダー）に何度もあくびをするのが記録されているほか、乗務前にソファで仮眠するなど十分に睡眠が確保できていなかったことから、疲労が関与した可能性が指摘された事故である。

（5）航空会社による乗員の健康管理に望むこと

航空需要の高まりにより、世界的にパイロット不足が問題になっている。さらに、日本では LCC の設立等でパイロットの確保が急務となり、前述のように 2015 年からパイロットの定年を 64 歳から 67 歳（68 歳の誕生日の前日まで）に引き上げた。

その一方で、国は航空会社に対して乗員の健康管理の一層の充実を求めている。これには乗員への健康管理に対する教育も含まれている。医学的な知識はもちろんのこと、乗務に際して服用できる薬、できない薬に関する情報も含まれる。

いずれにしても、最も大切なことは健康管理は自己管理が基本であるということである。先に述べたように、航空身体検査は、検査

時のスポット的な健康状態を診ているだけであり、日常の地道な健康管理こそが重要であろう。

8.3 機長として持続する強い目的意識

(1) 機長として持続する目的意識

ここでいう目的意識とは、「機長個人としては、絶対に定年まで健康で無事故で飛ぶのだ」という明確な意識を持ち続けることである。ただ、何となくそうしたい、そうありたいということは誰でも抱いているはずだ。何となくではなく、強く意識して、かつその意識を持続させることにより、この目的を実現するためには、どうすればよいかという具体的なイメージができ、そのように行動するようになる。

筆者は、受験生や就職活動中の学生には、神社仏閣にお参りにいった際には、神様や仏様に「～に受かりますように」、「～の会社に採用されますように」と祈願、お願いするのではなく、「～に受かります」、「～に入社します」と強く宣言してきなさい、とアドバイスしている。まさか、そんなことがあるのか、気休めではないかと思われるかもしれないが、たったこれだけの言葉の違いで、実際に目指す大学、会社、職種の合格率、就職率が違ってくるのだ。

なぜなら、「こうなったらいいな」と「こうします」とでは、その後の行動が違ってくる。

「こうします」と宣言することにより、その目的、目標に向かって具体的な行動をするようになる。当然の結果として、目的の実現、目標を達成する確率が高くなる。

機長にとって「定年まで健康で無事故で飛ぶ」ことは、本人だけでなく、家族にとっても良いことであるはずだ。しかも安全運航をまっとうすることになり、利用者、会社、航空会社にとっても良い

ことになる。

(2) 機長にとって目的意識と危機管理の関係

　機長にとって、なぜ目的意識が危機管理と関係があるのか。飛行機の運航は、地上での業務に比較して限られた空間、限られたリソース、限られた時間という、制約された条件下で安全を最優先しつつ、状況に応じて定時性、快適性、効率性のどれか選択しながら飛行を完遂することが求められる。

　そのためには、その時々に応じた意志決定とそれに続く作業は「何のために」という目的を明確にする必要がある。

　たとえば、飛行中に巡航高度を変える場合は、乱気流を避けるためなのか、燃料消費をいくらかでも少なくするためなのか、あるいは偏西風等の要素の影響で対地速度を速くし、飛行時間を短縮する目的なのか、いずれにしても「フライトを安全に完遂するためには、総合的に判断して、この時点ではどの手段を選択するか」ということを、目的意識を持って運航することが求められる。

(3) 危機管理の目的

　危機管理の最大の目的は、「どんなことがあっても最悪の事態を避けること」である。「悲観的に準備して楽観的に対応」の「楽観的に対応」には、"Never Give Up"、「絶対大丈夫だ、最後の最後まで諦めないぞ」、「どこかに安全に着陸するぞ」という「持続する強い目的意識」が含まれている。

　飛行機は乗り物の中で、事故率が最も低く安全な乗り物である。そして、近年の技術進歩に伴い、航空機の信頼性がさらに高まっている。しかし、飛行機は重力に逆らって大気の中を運航する。いったん離陸すれば、着陸（着水）するか墜落するかの二つに一つしか

ない乗り物であることには変わりない。

　「どんなことがあっても、最後の最後まで諦めずに、どこかに安全に着陸するぞ」という「持続する強い目的意識」は尊い多くの人命を預かる機長に求められているのだ。1985 年、JAL 123 便が御巣鷹山に墜落した「日本航空 123 便墜落事故」の際のボイスレコーダーに残っている、高浜機長の「がんばれ！がんばれ！」、「あたまをあげろ！　パワー！パワー！」という壮絶な言葉が、これを如実に教えてくれているのではないか。筆者は、高浜機長の心境に比べれば、ほとんど「そんなものは通常フライトのうちだ」と言ってもよいくらいのトラブルしか経験してきていない。

　「安全に着陸するぞ」という持続した強い目的意識を持って、意志決定とトラブルの処置、他の乗員への指示、乗客へのアナウンス、管制官との交信、会社に割り当てられた周波数で会社の運航管理、整備とのやり取りをしながら、無事に着陸することができた。

　危機管理で大切なことの一つに、トラブルや危機的な状況に遭遇した際に、決して諦めずに、最後まで希望を失わずに、「絶対こうするのだ」という強い目的意識を持続しながら、冷静に対応することである。

　持続する強い目的意識は、どんなことがあっても「諦めない」ことに繋がる。そして、常日頃から、日常生活においても、目的意識を持って行動する習慣を身に付けておくと、トラブルや危機に遭遇した際の対応能力が向上するはずである。

　さて、ここで筆者自身が経験したさまざまなトラブルなどから参考となると思われる事例を紹介したい。

●Ｂ 727「よど号」でのエンジン火災

　1970 年 3 月 31 日に日本航空のＢ 727「よど号」が日本赤軍の

メンバーにハイジャックされた。当時、筆者はまだ訓練生であった
が、その年の9月には、セカンドオフィサーにチェックアウトし、
乗員として乗務し始めた。

　2か月後の11月のこと。「よど号」が千歳空港を離陸後、突然け
たたましいベルの音とともに、エンジン火災を示す赤いランプが点
灯した。筆者はすかさず「エンジン・ファイアー」とコールすると
ともに「キープエッセンシャル・パワー」と口に出しながら、重要
な電源の確保をした。機長は落ち着いた声で「エンジン・ファイ
ヤー・チェックリスト」と指示した。機長の指示に従って、筆者が
エンジン火災時の非常時操作のチェックリストを読み上げ、チェッ
クリストに沿って機長、副操縦士、私の三人がそれぞれの操作を落
ち着いて実施。3発機のB727が2発のエンジンで無事に千歳空
港に戻った。

　これが筆者にとって、最初のトラブルであった。ちなみに「よど
号」は、ハイジャックされて北朝鮮に行って日本に戻って来てから、
ライン運航に復帰した最初のフライトにも訓練生として乗務した。

　航空機の乗員は、あらゆるトラブルに対する訓練と審査を受けて
いる。冷静に「訓練通り」に対応すれば、惨事は防ぐことができる
可能性が高い。千歳空港での「よど号」のエンジン火災の対応も、
機長、副操縦士、筆者の三人が冷静に訓練通りに対応できていたと
思っている。特にリーダーである機長が落ち着いていたという記憶
がある。

●B727でタバコのニコチンによる急減圧

　「よど号」でのエンジン火災を経験してから半年後、福岡空港を
羽田空港に向かって離陸し、巡航高度に向かって上昇中、機内の気
圧が急に低下する急減圧が発生した。

　その時、機長は後ろを振り向いて私に向かって「おい！　大丈夫か！」と大声で怒鳴った。エンジン火災のときは、落ち着いてエンジン操作をできた自分であったが、機内の急減圧が発生したときは、機長の怒鳴り声で、一瞬自分がミスオペレーションをしたのかとたじろいでしまった。何か間違いがないかと、計器やスイッチ類を確認することに気を取られ、急減圧の非常時操作が遅れてしまった。

　幸い、機内圧力が減少していく程度がそれほど急激でなかったために、非常時操作が遅れても大事に至らず、なんとか無事、福岡空港に引き返すことができた。

　福岡空港に引き返して、整備士が機体を点検したところ、アウトフローバルブという機内の気圧を調整する開閉弁が、べっとりとしたタバコのニコチンで、全開の状態で固定されていた。急減圧の原因は、タバコのニコチンであった。

　今では、考えられないことであるが、当時は、機内でもタバコを吸うことができた。離陸直後に着陸装置を上げると、自動的に「NO SMOKING」サインが消灯し、乗客はいっせいにタバコを吸い始めた。そのタバコの煙が空調システムを通って、最終的に機外に放出される個所のアウトフローバルブにニコチンが溜まってしまったのであった。

　このトラブルの教訓は、突発的なことや、トラブルが発生した際には、リーダーは、ゆっくりと落ち着いた声で指示すること。リーダーが上ずった声や怒鳴り声で指示すると、部下たちも冷静さを失い、日頃できることもできなくなる可能性がある。

●DC 10 での空調システム 2 系統が同時故障

　タイのバンコクから中東のクウェートに向かって離陸し、巡行高度に向けて上昇中、20,000 フィート（約 6,000 m）付近で、三つ

あるうちの二つの空調システムの故障を示すランプが点灯した。

　そこでチェックリストに従って故障時操作を実施。筆者と副操縦士、航空機関士の三人で、この先の飛行について意見を出し合った。

　一つの空調システムでは、巡航高度も飛行計画通りの高い高度をとることはできない。低い高度では燃料消費が大きくなりクウェートまでの燃料が足りなくなる。もし、残った最後の空調システムが故障した場合は、機内与圧ができなくなり、酸素マスクを使用しなくても生存できる高度の 10,000 フィート（約 3,000 m まで急降下する必要がある。従って、バンコクに引き返す以外はないという結論に達した。

　管制官に空調システムが Dual Fail した（二つのシステムが故障した）ためにバンコクに引き返すこと、またそのために 50 分間分ほどの燃料放出を要請した。バンコクからクウェートまでの 7 時間以上の燃料を搭載しているので、空中で燃料を放出し、最大着陸重量まで飛行機の重量を減らす必要があるためだ。

　管制官の許可を得て、タイ湾の上空で燃料を放出することとなった。その間の操縦と燃料放出の操作は主に副操縦士と航空機関士に任せて、機長の筆者は、客室乗務員にトラブルの状況を説明、燃料を放出すること、No Smoking サインを点灯させるので、乗客の皆様には、喫煙しないことを徹底して貰うこと、バンコク空港に引き返して着陸するおおよその時間を知らせた。また乗客の中で体調に異常をきたす方がでたら、操縦席に連絡すること、容態によってはドクターコールをして、乗客の中に医師か看護師が搭乗していたら、手当てをお願いすることなど指示した。

　そして乗客にも、トラブルの概要や燃料放出についてなど同様の説明をし、バンコクに引き返すことにはなったが、それまでの飛行には支障がないことを説明し、予定通りクウェートまで飛行できな

くなったことへのお詫びのアナウンスをした。

　次に、最大着陸重量での着陸に際しての注意事項を三人で話し合い、着陸に際してのブリーフィングを実施。着陸重量が重くなれば、進入速度も着陸速度も速くなり、その結果、着陸滑走距離も長くなる。滑走路が雨で濡れていると滑走距離がさらに長くなり、厳しい状況になるので、燃料放出量をさらに多くして、重量をもっと軽くする必要があるかどうかを検討した。

　幸い、引き返す空港付近での着陸予定時刻の前後に雨の予報がなかったので、最大着陸重量までの燃料放出とした。もし着陸予定時刻や、その直前に雨の予報が出ていたら……、ということも検討したが、それでも最大着陸重量で大丈夫だという結論に達した。

　その後、燃料放出を終えて、最大着陸重量でバンコクに無事引き返すことができた。

　トラブルに遭遇した場合、時間的な余裕があれば、与えられた条件の中で、最悪の事態を防ぐにはどうしたらよいかを、みんなの意見を出し合って検討する。リーダーは、メンバーが自由に意見を述べやすいマネジメントが求められる。

●DC 10 で重要な油圧系統のトラブル

　DC 10 でタイのバンコク空港からインドのデリー空港に向かってベンガル湾の上空を飛行中、航空機関士が「キャプテン！　ナンバースリーの油圧システムの油液が減少しています」と報告してきた。

　筆者はとりあえず、そのシステムの油圧ポンプを止めることを指示して、それ以上油液を失うことがないようにした。そして、故障時操作のチェックリストを実施した。

　DC 10 には三つの油圧系統があり、その時にトラブルになった

システムは、離着陸時に使用するスラットという高揚力装置や着陸装置を作動させるシステムで、油圧システムの中でも着陸するための複数の装置に影響を与える最も重要なシステムであった。

　油圧故障時の非常時操作のチェックリストを実施し終えて、このままデリーに向かうか、バンコクに引き返すかを三人で検討することになった。

　その結果、デリー空港、バンコク空港の気象、滑走路、空港の施設など総合的に考えてバンコク空港に引き返す決断をした。デリー空港では、以前、滑走路に溜まったほこりや細かい砂の影響で、ブレーキの効きが極端に悪くなり、滑走路を飛び出そうになった経験があった。現在の状況のように油圧に故障があると当然着陸滑走距離も長くなる。デリーに向かい着陸を試みた場合、最悪のケースでは滑走路を飛び出して大惨事にもなりかねないからだ。

　さっそくミャンマーの管制官に、油圧系統のトラブルのためバンコクに引き返すことを要請した。

　次は、バンコクのドムアン空港での着陸に際しての対策を三人で検討した。チェックリストや訓練では、トラブルになった油圧システムが完全に不作動になった場合の手順と、油圧の液が漏れ出した場合に、システムを不作動にするまでの手順しかない。

　しかし、DC 10 はこの最も重要なシステムが不作動だと、スラットが使用できず、着陸速度が 60 ノット（時速約 110 km）も速くなる。しかも着陸装置も自重で降ろすというリスクがあり、かなり厳しい状況である。幸い、トラブルになった油圧システムの油液は少し残っていた。そこで以前、先輩から聞いた話を思い出した。

　サンフランシスコ空港を離陸した DC 8 型機のエンジンが大きく損傷。そのことがもとで油圧のパイプを切ってしまい、油液がどんどん減少したため、油圧システムを不作動としたという。

DC8型機はジェット旅客機としては、初期の飛行機で、油圧がなくても最後の手段として操縦桿と繋がっているケーブルを通じて、大きな力を加えれば何とか操縦できたためである。しかしケーブルだけでは反応が遅く、操縦桿を動かすのにも大きな力が必要で、機長と副操縦士の二人がかりで力いっぱい操作して、ようやく操縦できる程度であった。

離陸したサンフランシスコ空港に戻るためには大きく旋回しなければならず、ケーブルによる操縦では無理がある。幸い対岸にはそれほど旋回をしなくても着陸できそうなオークランド空港があり、機長はここへの緊急着陸を決断した。

機長と副操縦士の二人がかりの力で操縦桿を握り、管制官とのコミュニケーションは航空士が担当することになった。

この際、パイロット二人の力だけでは持ちこたえられなくなった時には、航空機関士が残った油液の油圧ポンプのスイッチを瞬間的に入れて油圧の力による操縦に替える。そして飛行機の姿勢が辛うじて戻ったところで油圧ポンプのスイッチを切って、油液が完全になくなるのを防いだ。これを繰り返して、無事にオークランド空港に着陸したそうである。

筆者は、このエピソードを副操縦士と航空機関士に話した。二人ともこの話に納得してくれ、これを参考にスラットを作動させる時と、着陸装置を出す時だけ、航空機関士に油圧システムの油液のスイッチを入れて貰い、油液がゼロになる前に無事にバンコク空港に着陸することができた。

これは、航空機関士が、油圧システムの液が完全に無くなって、警報ランプが点灯する前に油液計をモニターし、油液が減少していることに早めに気づき、油液が残っていたことと、先人達のとった対応が知恵となり、助けられた事例である。

トラブルに遭遇した場合は、チェックリストを確実に実施することは当然であり、大切である。しかし、起こり得るすべてのことをチェックリストに網羅することは不可能である。その時、活きるのが経験であり、知恵であり、暗黙知である。

●B 747-400 で北極航路での操縦系統の故障

　ハイテクジャンボとも呼ばれた B 747-400 は、B 747 在来型ジャンボに比べて故障が非常に少なく、安定したジャンボであった。ハイジャック以外の多くのトラブルを経験してきたが、16 年間 B 747-400 に乗務した期間中に、燃料を放出して出発空港に引き返すトラブルに遭遇したのは、たった一度だけだった。それは、アラスカのアンカレッジ空港から北極回りで、ドイツのフランクフルト空港に向かう貨物便であった。

　アンカレッジ空港を離陸時、離陸決心速度（離陸滑走中にエンジン故障など、重大なトラブルが発生した際に、離陸を断念するか離陸を続けるかの決心する速度）に近い速度で、スラットが、固定された角度から移動中である、というメッセージとランプが点灯した。

　離陸決心速度の直前であったため、離陸中断の選択肢もあったが、このときは貨物が満載、燃料も大量に搭載しており、最大離陸重量に近かったため、離陸続行を決心して、そのまま離陸した。

　離陸後、落ち着いてから故障時のチェックリストを実施したが、メッセージもランプも消えなかった。

　スラットが出ている際は、規定の速度以下の速度を維持する必要があるので、低速度を維持し、管制官にトラブルの内容を伝え、高度 16,000 フィートで水平飛行。航空路から外れた空域で楕円形を描きながら空中待機をし、カンパニーラジオ（航空会社がもっている無線の周波数でパイロットと地上の運航管理者とが、この周波数

を使って交わすラジオ）の周波数で、JALのアンカレッジの整備
や、衛星電話を介して日本の整備本部とトラブルの原因は何か、本
当にスラットが途中の位置で止まっているかを検討した。

　さらに、これらの情報をもとに、フランクフルトに向かうか、ア
ンカレッジに引き返すかを副操縦士と話し合った。原因はまだ判明
していない。だが機体に振動もないし、左右の操縦バランスもとれ
ている。整備との検討、機体の動きなど総合すると、実際にスラッ
トが途中で止まってしまっている確率は非常に少なく、おそらく表
示系統のトラブル（ミス・インディケーション）であろうというこ
とになった。

　しかし、このままフランクフルトまで飛行を続けるとなると、北
極海上を通過することになる。万が一、本当にスラットが出ていた
としたら重大な状況になる。速度も、高度も下げなければならない
が、これではフランクフルトまで燃料がもたない。

　だが唯一、北極圏で緊急着陸できるのはグリーンランド西北部に
ある、米軍のチューレ空軍基地（Thule Air Base）しかない。

　考えた末、筆者はアンカレッジに戻ることを決断した。最大着陸
重量以下になるまで、約45分間の燃料を放出してアンカレッジに
戻った。リスクが発生する確率は非常に少なくても、実際に発生し
た場合の被害の大きさを掛け算して、どうするかを判断するのがリ
スクマネジメントの考え方であり、最悪の事態を避けるという危機
管理の決断でもある。

　それまで多くのトラブルを経験してきたが、燃料を放出して、出
発空港に引き返したトラブルの回数だけでも、DC 8の副操縦士時
代に1回、DC 10の機長時代に4回、B 747-400の機長時代に1
回、合計6回ある。

　ちなみに、飛行機が上空で燃料を放出するのは、国際線の長距離

飛行をする機体では、燃料放出装置があり、かつ離陸重量が最大着陸重量を大幅に超えていて、出発空港、または緊急着陸用の空港に着陸するために、燃料を空中で放出して重量を減らすことを目的とする場合である。燃料放出は通常、人家の密集地域を離れた空域の上空 6,000 フィート（2,000 m）以上で行うこととなっている。

●悪天候でのダイバート（行き先変更）

　冬季、大阪の伊丹空港から札幌の千歳空港への国内線に乗務したときのことであった。

　出発時の千歳空港の予報は雪が降ったり止んだりで、視程もあまり良くないということだった。滑走路の状態も降雪のため Poor と報告されていた（Poor はブレーキの効きがよくない状態、Very Poor だと離着陸ができない）。代替空港は函館空港に設定された。さらに天候が悪化した場合に、千歳空港付近で空中待機をする予備燃料を、最大着陸重量まで搭載して出発した。

　しかし、搭乗旅客が満席であったため、予備燃料をそれほど多く搭載することはできなかった。

　千歳空港に向けて降下し、進入中に千歳空港周辺が吹雪のために視界がどんどん低下してきた。着陸した先行機からは、ブレーキの効きは、Very Poor に近い Poor の状況だったという報告が入ってきた。

　代替空港である函館空港も北寄りの風で、時々吹雪であった。函館空港は南風なら計器着陸装置があり、よほど視界が悪くならない限り、進入を開始することができる。決心高で安全に着陸できると判断した場合は、そのまま着陸することができる。しかし、北風の場合は、VOR という非精密進入装置しかなく、ある一定の視界より低下すると進入を開始することもできない。たとえ進入を開始す

ることができても、滑走路を視認すべき地点までに滑走路を見つけることができなかったら、それ以上進入を続けることができない。

　筆者と副操縦士は、管制官や千歳空港のカンパニーラジオと手分けしてコミュニケーションを行い、航空機関士は機関士業務を遂行しながら、函館空港の現況、今後の傾向を逐次チェックした。こちらの状況も悪化傾向にあり、進入も着陸もできない可能性が高くなってきた。

　出発時の代替空港は函館空港であったが、予備燃料から計算すると、千歳空港で空中待機をしないで、本来の代替空港ではない羽田空港に向かう燃料はある。しかし、千歳空港でゴーアラウンドし、このとき燃料を使ってしまったら、羽田空港に向かう燃料は十分ではなくなる。

　となると吹雪の中、滑走路も非常に滑りやすい状態でも、一回の進入で千歳空港に着陸する必要がある。やり直しをする燃料はない。代替空港の函館空港の気象状況がそんなに悪くなく、燃料に余裕があれば、千歳空港に安全に着陸できないと判断すれば、すかさずゴーアラウンドをして、着陸をやり直すことができるが、この状況だと無理をしてでも着陸しようとする心理が働き、最悪の場合は事故に至る可能性がある。

　降下中の短い時間であったが、三人で話し合い、千歳空港への進入を開始する前に、管制官に羽田空港へのダイバート（行き先変更）をリクエストして、羽田空港に向かった。

　千歳や函館とはうってかわって、関東地方は典型的な冬型の西高東低の気圧配置で、晴天の羽田空港に無事着陸できた。結局、その時間帯に千歳空港に着陸できなかった便は、筆者が担当する便だけであった。

　乗客にとっては「嫌われる決断」であった。多分、90数％から

99％の確率で、千歳空港に無事着陸できたであろう。しかし多くの尊い命を預かる機長として、なかば本能的に「嫌われる決断」をした。サレンバーガー機長も、おそらく90％以上の確率で対岸にあるテトロボ空港に着陸できたであろうが、敢えてハドソン川に着水という「嫌われる決断」したのは、機長としての重責から、本能的に決断したのではないかと推察している。

　乗客、乗員の安全の最終責任を託されている機長の決断で、最も重要なのは、出発しない、目的の空港に着陸しない、着陸をやり直すという「嫌われる決断」である。

●火山の噴火と安全運航への影響

　人間は"万物の霊長"などという傲慢な言葉があるが、とんでもない。どんなに技術の進歩があっても、自然現象に対して謙虚に臨まないと大変なことになる。航空機の運航において、とりわけ噴火に伴う火山灰に対しては、より謙虚に慎重に対応しないと次のようなトラブルに遭遇して、危険に陥る可能性がある。

①火山灰が高温のエンジン内部に付着してエンジンがフレームアウトする（停止する）

②ピトー管に火山灰が詰まり、速度計が不正確になり最悪の場合は失速に至る

③火山灰の粒子が高速で操縦席の窓にぶつかり、窓ガラスがすりガラス状になり、パイロットの視界が遮られ着陸操作が難しくなる

④火山灰が電子機器やコンピューターの吸気口から吸い込まれて、故障する可能性がある

　過去には、巡航中のジャンボ機が火山灰によって四つのエンジンすべてがフレームアウト（停止）した事例がある。幸い、降下中にエンジンを再始動することができ、惨事には至ることはなかった。

　1982 年、英国航空のジャンボ機 B 747 がインドネシア上空を飛行中、火山灰をエンジンに吸い込み、四つのエンジンが停止してしまった。機長たちは滑空しながら必死になって何度もエンジンの再始動を試み、11,000 フィートまで降下したところで、辛うじて再始動でき、ジャカルタのハリム空港に緊急着陸して、事なきを得た。

　さらに 1989 年には、KLM オランダ航空の B 747 が、アラスカの上空でエンジンに火山灰を吸い込み四つのエンジンが停止した。このケースも降下しながらエンジンの再始動を試みて、14,000 フィートまで降下したところで再始動し、アンカレッジ空港に無事に緊急着陸した。

　いずれも夜間飛行、雲中飛行で火山灰に気づかず、エンジンに火山灰を大量に吸ってしまったために起きた危機的な重大トラブルであった。

　筆者も火山の大噴火を 2 回経験したが、一度は幸い昼の時間帯であり、火山に近づく前に噴火の情報を入手し、迂回することができた。もう一度は出発前に噴火の情報が入っていたため大きく迂回し、英国航空機、KLM オランダ航空機のような重大な事態に陥ることもなかった。

　1991 年 6 月 15 日、フィリピンのピナツボ山が 20 世紀最大と言われる大噴火をした。その 6 日後の 6 月 21 日、筆者は成田―シンガポールの便を乗務した。ピナツボ山が大噴火してまだ一週間も経っておらず、再度噴火する可能性もあったことから、通常搭載する燃料に加えて、さらに 30 分の予備燃料を搭載して成田を出発した。

　順調に飛行を続け、沖縄の南大東島を通過。フィリピンの空域に入る 20 分前になって、ピナツボ山が噴火したという情報がモニターしていた HF の周波数から入ってきた。航空機にとって火山灰

の恐ろしさは十分承知していたので、通常の燃料しか搭載していなかったら、沖縄の那覇空港にダイバートしていた。

　幸い、30 分の予備燃料を搭載していたので、副操縦士、航空機関士と検討した結果、ピナツボ山の風上側に迂回してシンガポールまで飛行を続行することにした。

　どちらの方向にどれだけ迂回するか、その場合、当初の飛行計画よりどれだけ飛行時間が延び、そのためにどれだけ余分に燃料を消費するかを検討した。当日の上層風の予報では、フィリピン上空の風は時速 20 ノット前後の偏東風であった。そこで風上側の東側に迂回することにした。

　6 日前の世紀の大噴火では、高度 1 万メートル以上まで大規模に噴火していることから、100 マイルくらいの回避では安全とはいえない。200 マイル風上側の東の方向に迂回することにし、副操縦士と交互に操縦を担当し、一人が航空チャートで迂回ルートを設定して、飛行計画より伸びる距離と時間を計算し、相互チェックをする。結果、約 15 分飛行時間が延びることが分かり、航空機関士が燃料の計算をする。迂回ルートに変更しても、シンガポールまで飛行できるという結論に達した。

　迂回ルートが決まると、HF の周波数の東京レディオを通じて、管制にルート変更をリクエストした。フィリピンの空域に入る前にルート変更の承認がきた。

　通常は、これで十分である。しかしフィリピン側は、ピナツボ山の二度目の大噴火で混乱している可能性がある。そこで、HF の周波数でホンコンドラゴンという通信会社を介して会社のオペレーションに電話をし、ルート変更と、その理由がフィリピン側に確実に伝わっていることを確認してもらった。

　フィリピンの空域に入って迂回ルートを飛行しながら、遠く西の

方角の方を見ると、昼間なのに、オレンジ色の稲妻が目に入ってきた。恐らく噴煙の中で静電気によって起きる放電現象であったのだろう。

2009年6月7日には、アリューシャン列島のサリチェフ山（芙蓉山）が大噴火した。その8日後の6月15日に、筆者は成田—アンカレッジ間の貨物便に乗務した。

成田—アンカレッジ間は通常、アリューシャン列島に沿っているNOPACというルートを飛行するが、その時には太平洋上を大きく南に迂回するルートを飛行した。これほど大きく迂回する理由は、火山灰がいかに航空機の運航にとって危険であるかの証でもある。

図8-4　サリチェフ火山が大噴火した時の衛星写真と迂回ルート

●航空管制に関わる、恥ずかしい失敗

筆者は、かつてDC8の副操縦士の頃に、恥ずかしく苦い経験をした。

それは、コペンハーゲンのカストラップ空港での出来事であった。当時はまだ珍しい女性の管制官によって、カストラップ空港の滑走路への計器着陸装置のコースに向けてレーダーで誘導された。

　計器着陸装置のコースに乗ったところで、その女性管制官が "Nice Meet On Glide Path、Contact Kastrup Tower 118.1" と言ってきた。これを筆者は "Nice Meet You On Grand"（地上でお会いしましょう）と解釈し、"See You On Grand Thank You"（地上で会いましょう、ありがとう）と Read Back してまった。これを聞いた機長から「バカ！お前、何を言っているのだ！」と怒鳴られた。

　地上に降りてからも、恥ずかしい思い、悔しい思いに打ちひしがれ、こんな恥ずかしい思いをしないためには、どうしたらよいかとホテルの部屋で考え続けた。そこで、カセットテープで録音して、何度も聴き直すしかないということを思いついた。この時、筆者は26歳であった。

　筆者のもとには、世界各国の空港での管制とのコミュニケーションを録音したテープが山のように残っている。録音するための機材が操縦席の機器類に悪い影響を与えないよう、アダプターのインピーダンス等を会社の技術担当に確認してもらい、それに合ったアダプターを秋葉原で購入して、カセットテープ、IC レコーダーに接続して使用した。

　コミュニケーションの基本は "聴く" が80％、"話す" が20％であると心掛けている。特に、管制官とパイロット間のコミュニケーションは、まず相手の言っていることを正確に理解することがなにより重要である。26歳の時のコペンハーゲンでの赤面するほど恥ずかしい経験は、聴くことができていないため生じた失敗であった。この失敗は幸い恥ずかしいだけであって、安全には直接関係がなかったのが、せめてもの救いであった。

●ヒトに関わるもの、乗客の死亡、流産の危機

　クアラルンプール空港から成田空港に向かって、巡航高度の水平飛行に移って間もなく、チーフパーサーから、乗客の一人の、年配の男性が意識を失ったと連絡があった。すでにマレー半島を後にし、南シナ海の上空を北上中であった。

　チーフパーサーには、ドクターコールの機内アナウンスをするように指示するとともに、操縦席内では、クアラルンプール空港に戻るのではなく、シンガポール空港にダイバートする準備を始めた。その日、クアラルンプール空港は我々が出発した30分後には、滑走路の補修工事のため閉鎖されることになっていたためである。

　飛行中に急病人が発生した場合は、容態が重篤なときはもちろんのこと、意識がなく、たとえ心肺停止であっても、医師が死亡を確認しない限り、生存しているものとして、機長は安全に着陸できる空港に着陸して、医療機関に引き渡すための最善を尽くす必要がある。

　操縦席で、シンガポールにダイバートする準備をしていると、チーフパーサーから「アメリカ人のドクターがすぐ手を挙げてくれて、診てくれましたが、すでに心不全で死亡していることが確認されました」という報告をしてきた。

　医師が死亡を確認した以上、シンガポールに行き先を変更して医療機関に引き渡す必要はなくなったが、念のため死亡したとされる男性と一緒に旅行をしている乗客に事情を説明して、そのまま成田まで飛行を続行する了承を得た。

　このような際、空港到着後は、乗客、乗員も通常通り降機することができない。全員が機内に待機し、検疫官が死亡した乗客の死因が伝染病でないことを確認する。ここではじめて一般の乗客の降機が許される。そして、次は警察官が乗員と死亡した乗客の容態を確

認、最初に客室乗務員に知らせた、隣の席に座っていた乗客への事情聴取が行われる。機長への事情聴取の内容は、機長の判断と機長のとった措置の他に、死亡推定時刻と場所についてであった。

　死亡推定時刻は、チーフパーサーから報告のあった医師の死亡確認の知らせから推定。場所は、死亡推定時刻とフライトプランから、緯度・経度と高度 29,000 フィート（約 8,800 m）上空と答えた。

　しばらくして隣の乗客、機長の筆者、乗員の事情聴取が一通り終わり、ようやく機外に出ることができた。

　しかし隣の乗客は、降機後も空港警察まで連れていかれ、さらに事情聴取を受けることになった。さまざまな事件で、第一発見者がいろいろと事情聴取されるのと同じであろうか。たまたま隣に座っていただけなのに、お気の毒な気がした。

　ちなみに、当時の航空法では、飛行中にたとえ病死であっても、人が亡くなると航空機事故として扱われ、機長報告書を当時の運輸大臣宛に提出する義務があった。しかし現在は、病死の場合は航空機事故として扱われることはない。

　乗客・乗員の安全の最終責任を有する機長は、飛行中は、たとえ乗客が病気であっても乗客の安全確保のために、その時点で、与えられた状況下、条件下で考え得るあらゆる努力をする。

　以前、ホノルルに向かっている太平洋上で、新婚旅行でハワイに行く妊娠中の女性が出血し始め、流産しそうになったことがあった。そこで航空路から近いミッドウェー島の空港への緊急着陸の準備を副操縦士とともに始めたが、ここには、すでに医療機関がないことが分かった。

　副操縦士と話し合った結果、ホノルルに向うしかないという結論に達した。幸い、その後チーフパーサーから、「出血も止まり、容態が安定してきた」という報告を受け、無事にホノルル空港に着陸

することができた。

●首相特別便の運航とリスクマネジメント

　政府専用機が導入されるようになるまで、天皇陛下や首相が海外を訪問する際には、日本航空が運航を担当していた。この特別便を担当する運航乗務員は、乗員部長をはじめ組織管理職乗員が務めていた。守秘義務に触れる具体的なことは記述できないが、リスクマネジメント、危機管理の視点から参考となると思わることをここで紹介したい。

　この点についてマスコミの方からよく「皇室や首相のフライトで、特に注意することは何ですか」と聴かれた。

　この際、「基本的には、普通のラインフライトと変わりません。ただ強いて挙げるならば、特別便でしか行わないようなことがあるので、そのことに注意が行き過ぎて、通常業務に抜けやミスが生じないように注意することです」と答えることにしている。

　この「特別便でしか行わないようなこと」には、次の二つがある。一つは操縦席から国旗を掲げること、もう一つは到着時間を可能な限りプラスマイナス１分以内に収めることである。このために本当に厳しいタイムマネジメントが求められる。

　まず国旗についてから紹介したい。

　出発、到着に際して、操縦席から日本の国旗と、天皇陛下や首相が訪問される相手国の国旗を掲げる。日本出発に際しては、左右両方とも日の丸の日本国旗を掲げる。訪問国の到着、出発に際しては左側に日本の国旗、右側に相手国の国旗を掲げるのが決まりである。

　DC 8、DC 10 は左右の操縦席の窓を開けることができた。B 747、B 747-400 のジャンボは、窓は開けられない構造になっており、操縦席の天井にある、乗員の非常脱出用の天窓から国旗を出す手順に

なっていた。

　出発に際しては、VIP スポットから滑走路の手前まで国旗を出し、滑走路の手前でいったん停止して、国旗を取り込み、窓を閉め、離陸の準備を完了し、離陸することになる。

　到着時には、滑走路から誘導路に出たところで、窓を開けて国旗を出して、VIP スポットまで地上走行していく。

　相手国の国旗の取り扱いでは、たとえば三色旗などの場合、上下を間違えて掲げてしまったりすると外交上の問題にもなりかねない。そのため普段は使わない細かい神経を使うことになる。

　次は相手国の到着時の時間厳守である。それも、VIP スポットに完全停止した時点の時間が、計画の時間と 1 分も違わないように到着しなければならない。

　日本の航空会社の定時性は世界的にみてもトップクラスを保っている。だがそれでも、15 分以内の差であれば定時とされている。上層風の風の予報と実際の風との相違、空域の混雑状況、使用滑走路による時間のズレなど、さまざまな要素を乗り越えて 1 分以内に収めるためには、自ら言うのも憚れるが、日本人ならではのきめ細かさ、几帳面さがなくては到底できないことである。

　では、実際どのようにすれば、VIP スポットまでの時間を、1 分以内の誤差で運航できるのか――。これは守秘義務には抵触しないと判断できるので、日本人のきめ細かさを知って頂くためにも紹介したい。

　まず、巡航中に速度を上げる、航路上にショートカットをリクエストするなどして、10 分ほどの貯金を持って相手国に向かって飛行する。相手国の空港の天候などから、使用滑走路がほぼ確定して着陸予想時刻が計算できたところで、巡航速度を極端に減らして、貯金のかなりの部分を使い果たす。残った貯金（3〜4 分）は、着

陸後の地上走行での時間調整に使うことにする。

　そして、日本を出発する前に、家で計算しておいた、表を出して VIP スポットから逆算したタイムマネジメントを行う。たとえば、A 滑走路に着陸して、E というところで滑走路を離脱したら、VIP スポットまでは何ノットで地上走行する。あるいは、F というところで離脱したら何ノットで地上走行する。もし、B 滑走路に着陸して、G というところで滑走路を離脱したら何ノットかなどである。

　さらに逆算して、A 滑走路なら最終進入を何時何分に開始するか、B 滑走路なら、何時何分に開始するか。そのためには、何時何分に降下を開始し、降下速度は何ノットにするかなど、VIP スポット到着時間から、すべて逆算してタイムマネジメントを行う。

　しかし、これだけ綿密に逆算したタイムマネジメントを行っても、他の飛行機との間隔、管制の指示等も影響して計算した通りには着陸できないケースの方が多い。そこで、残してある貯金を使って、つじつまを合わせることになる。

　滑走路を離脱する誘導路の選択と、滑走路を離脱して VIP スポットまでの地上走行の速度で調整する。最後まで少しの貯金を残してあるため、VIP スポットまでの地上走行速度は、通常のライン運航の速度よりかなり遅く、ノロノロ走行になることが多い。

　ここでも、VIP スポットまでのタイムマネジメントに神経、注意配分を使い過ぎて、通常操作や、手順に抜けやミスが生じることが一番コワイ。特別便であっても、最も大切なことは、常日頃の通常操作、手順である。1 分以内に時間を守っても、通常やるべきことができなかったら、すべて台無しになってしまう。

　特別便の運航を経験して得た貴重な教訓は「当たり前の基本、通常業務が確実にできてこそ、特別なことができる。特別なことより、むしろ誰でもできる当たり前のことこそ重要だ」ということである。

　危機管理は、何も特別なことを要求するのではなく、誰でもできる当たり前のことを、どれだけ忠実に徹底できるかにかかっている。特別便の事例を敢えて記述した目的は、危機管理においても、特別なことに注意力を注いでしまうことよりも、だれでも知っていて、誰でもできる、当たり前のことを、忠実に実行することこそ大切である、ということを実感して頂くためで紹介させて頂いた。

8.4　機長のリーダーシップ

(1) リーダーシップの法則は、機長にも当てはまる

　「組織の運命はリーダー次第」、組織・チームのレベルはリーダーのリーダーシップのレベル以上にはならないという「リーダーシップ天井の法則」がある。機長は「キャプテン」として尊敬されるためには、パイロットとしての専門分野の知識・技量だけでなく、リーダーシップ、つまり人間力を磨き続けることが求められる。

　航空機の運航におけるリーダーである機長にもそのまま当てはまる。このことは、第 6 章の「危機管理とリーダーシップ」の項で紹介した実例が如実に物語っている。

　航空機の運航の安全は、多くの部門の努力の結晶であり、管制などを含めた航空界のすべてのシステムの総和であることには間違いない。しかし、航空界に携わるすべての人の努力の結晶であるフライトという作品を預かり、安全に関して最終責任を担うのは、他でもない“機長”である。

　機長の決断、操作、人間力が最終的には、乗員・乗客の運命を握っているということはまぎれもない現実である。

　航空界にも激化するコスト競争の波が押し寄せている昨今、パイロット不足、とりわけ運航を維持するための必要数の機長の数が切迫している。国も各航空会社も、機長昇格の教育・訓練、そして機

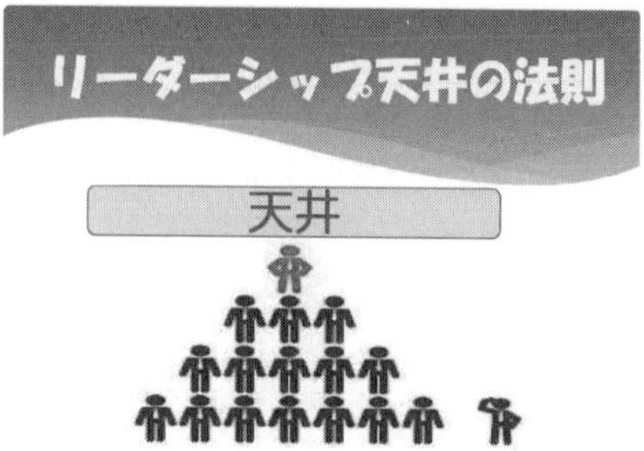

長に昇格してからの機長の在り方についても、機長に求める本質の部分を十分に考慮した乗員政策を期待したい。

パイロットを志望する学生、航空会社のパイロットにとって機長

図8-5　リーダーシップ天井の法則

になることは夢であり、大きな目標である。しかし、機長に昇格する、機長になることはパイロット人生にとって、最終目的ではない、一里塚に過ぎない。

新興国をはじめとして、世界的な航空需要の高まりに伴い、パイロット不足が課題となり、特に機長の争奪戦さえ起こっている現状で、需要に対応できる機長数の確保と機長養成も大切であるが、むしろ機長になってからの在り方こそが重要である。機長自身はもちろん、国も航空会社も、ぜひこの点にも注目すべきである。

(2) 機長に求められるリーダーシップ

機長に求められるリーダーシップは主に三つある。役割遂行型リーダーシップと意志決定型リーダーシップ及び人間力（影響力）型リーダーシップである。

①役割遂行型リーダーシップ

第6章で示したように、二人乗りのハイテク機では、PFと、PMの役割を明確に認識して、確実にその役割を遂行することが安全運航にとって、絶対に必要である。

機長は、副操縦士に役割認識と役割の確実な遂行の重要性を理解させるとともに、機長がPMを担当する際には、自分自身がPM

の役割を確実に遂行することが大切である。

　特に、副操縦士が PF の場合、機長は、PM、副操縦士に操縦を指導する教官役、PIC（Pilot in Command：航空法に定める機長としての責任）の一人三役の Task を同時にこなす必要がある。教えることに熱心のあまり、PM の役割遂行が疎かになりやすい。ここでも「今、何が一番大切か」を意識してフライトをすることが安全運航にとって重要である。

　さらに注意が必要なのは、「ダブルキャプテン」と呼ばれている機長同士でフライトをするケースである。昔から、パイロット仲間では「ダブルキャプテンは気を付けないと危ない」と言われて来た。機長同士だと、船頭が二人いる船のようになり、どうしても PM の役割遂行が疎かになりやすい。遠慮の気持ちや先輩後輩の微妙な心理が働いて、PF-PM の役割分担が明確でないことや、PM の役割が確実に遂行されない可能性がある。

　幸い最近では、シミュレーターでの訓練、審査における PF-PM の明確な役割分担の徹底、CRM の定着しつつあること、各機長の認識の高まりなどが功を奏し、以前のように「ダブルキャプテンは危ない」という風潮はなくなってきている。

②意志決定型リーダーシップ

　この本の中で度々触れているように、限られた空間、限られたリソース、限られた時間の中で、さまざまな状況変化に対応して、安全に運航をまっとうするためには、機長は頻繁に意志決定をする必要がある。意志決定に比較的時間的な余裕がある場合、基準があるものについては、副操縦士や無線やデータリンクを使用して会社の運航管理、整備部門のリソースを最大限に活用して判断することができる。

　しかし、時間的余裕がない場合、瞬時に判断する場合、前例のな

いような危機的な状況に遭遇した場合などには、機長は果敢に決断をしなければならない。このように、リーダーとしての機長には「意志決定力」というリーダーシップが求められるのである。ここでは、機長の意志決定について参考となる事例を紹介したい。

一つは、機長の嫌われる決断、臆病と言われる決断についてである。機長にとって、最も重要で、かつ肚で決断しなければならない決断は、"やめる"という決断である。

具体的には、飛ばない、離陸しない、着陸しないでもう一度やり直す、着陸しないで他の空港に向かう決断である。これらの決断は、ほとんどみんなに嫌われる決断である。嫌われることを恐れて決断した場合は、限りなく危険に近づき、場合によっては最悪の事態に陥る可能性もある。

1966年3月4日、濃霧に包まれた羽田空港で、当時のカナダ太平洋航空のDC-8型機が着陸に失敗し、64名が死亡した。この事故の少し前、JALのDC-8型機が羽田空港への着陸を諦めて福岡空港にダイバートした。JAL機のA機長の決断は、多くの人々から、濃霧で視界不良の羽田空港に「着陸しない」という、臆病と言われる勇気が称賛された。

もし、カナダ太平洋航空が無事に羽田空港に着陸していれば、A機長に対する評価はまったく逆になっていたであろう。「外国の飛行機の機長は着陸できたのに、地元の日本航空の機長はなぜ着陸できなかったのか」という非難を受けることは、当然予想されたはずだ。機長の決断というものは、時にこのようなものである。

大先輩のAキャプテンの事例から、入社当時から社内では「臆病と言われる勇気を持て」と言われてきた。ぜひ読者の方も心に留めていただきたい言葉である。

もう一つは、機長の判断、決断に加え、リソースマネジメントの

参考になる事例を挙げたい。

　2007 年 3 月 13 日、大阪国際空港発高知空港行きの ANA 1603 便である、ボンバルディア DHC-8-Q 400 型機が、空港への着陸進入に際して、前輪が出ないトラブルに遭遇した。

　同機の着陸装置は通常油圧で作動するが、油圧が不作動の場合は手動で出すこともできる。しかしこのときは、手動でも前輪が出なかった。

　機長は、空中待機しつつ地上の整備と連絡をとりながら、故障探求を実施した。高知空港の滑走路上を 500 フィートでローパス (低い高度で通過する) を 2 回実施して、地上の整備士や管制官に前輪が出ているかどうかを確認したが、やはり出ていなかった。そこで、主輪だけでタッチ・アンド・ゴーを決断し実施。滑走路に接地する際の衝撃で前輪を出そうと試みるが、それでも前輪は出ない。

　機長は、やむなく胴体着陸を決断。2 時間あまり空中待機をしながら燃料を消費し、着陸重量を減らした。その後、後輪である主輪だけ滑走路に降り立つと、機首を上方に保ったままの状態で滑走し、緩やかに機首を下ろして滑走路と接触させながら減速して、滑走路内で無事停止した。

　機長の、冷静な判断と決断、沈着な着陸操作に加え、地上の整備士、管制官という操縦席以外のリソースを積極的に活用したマネジメントとしても、特記すべき事例である。

③人間力 (影響力) 型リーダーシップ

　第 6 章のリーダーシップの本質でも触れているように、「リーダーシップは周囲、他人への影響力である」ということも、機長のリーダーシップに当てはまる。機長は航空法や航空会社の運航規程が定める責任とともに大きな権限を持つ。昔の機長の中には、この権限をまるで"権力"のように使っている人がいた。筆者も、こう

した機長とフライトをしたときは「はい、はい」としか言えないことがあった。現在は、こうした機長はほとんどいないはずである。

　もう一つの影響力は「このキャプテンなら何でも気づいたことが言える」、「このキャプテンは信頼できる」という人間性、人間力による影響力である。機長は技量の維持・向上とともに、人間力も磨き続けてこそ「キャプテン」といえるのではないか。

　では、何でもものが言える優しい機長であったらリーダーシップを発揮できるであろうか。それだけでは、仲良しクラブのキャプテンでしかなく、どんなことがあっても安全運航をまっとうすることはできない。状況に応じて法や規程で定める権限を行使して強いリーダーシップを発揮すべきときもある。従って、現在はCRMの教育などでは、理想的なリーダーシップやマネジメントとして「適度な権威勾配」という、やや曖昧な表現を使っている。

　この「適度な権威勾配」という曖昧さの中に、平時と非常時のリーダーシップの切り替えの大切さを読み取れる機長を期待したい。また、会社組織も教育・訓練、審査の機会に「適度な権威勾配」の意味を各乗員に浸透させることが、リーダーシップ教育の課題の一つでもある。

COLUMN ⑮

「ハドソン川の奇跡」に学ぶリーダーのコロナ対応

　「ハドソン川の奇跡」のサレンバーガー機長の素晴らしかったことについて筆者はテレビでコメントした。一つは、飛行機をコントロールする前に自分自身をコントロールしていたこと。もう一つは、危機に際して嫌われる決断をしたことをあげた。バードストライクで両エンジンがほぼ不作動になった際にハド

ソン川の対岸にあるテタロボ空港に着陸できる可能性もあったが、もし空港に届かなかった場合は、地上も巻き込んで最悪の事態になるということ考えて、ハドソン川への着水を決断したのではないかと推測した。過去の事例で着水に成功した例はほとんどない。多くの犠牲者、あるいは全員が死亡する可能性もあった。そうなった場合はその決断について当然非難されるであろう。しかし、地上を巻き込んだ最悪の事態を防ぐために、サレンバーガー機長は敢えて嫌われる決断をしたのではなかろうか。リーダーというものは危機に際しては最悪の事態を防ぐためには、嫌われる決断も求められる。このことは、今回のコロナ対応でもまさに国や自治体のリーダーに言えることでもある。

8.5　機長の意志決定力

　トップ、リーダーの重要な責務の一つに意志決定がある。意志決定には、判断と決断とがあることは、第 6 章で触れた。ここでは、機長の判断力と決断力について考えてみることにする。

　一般に、オフィス内での事務系の組織のマネジメントは野球型だ。一方、野外で作業をするチームのマネジメントはサッカー型ではなかろうか。

　野球は、監督がベンチからサインを出し、その指示に従って選手がプレーをする。オフィス内で働く事務職員は、部長や課長などの上司による指示で日常業務を遂行している。

　サッカーでは、試合に際して監督は先発選手を決めること、試合中の選手交代の判断が主なマネジメントとなる。いったんキックオ

フすると、選手はそれぞれの判断で動くことになる。これと同様に、野外での作業員も、それぞれの現場監督、リーダーの意志決定を受け作業をしている。

　航空機の運航は、サッカー型のマネジメントに似ている。会社組織は、乗員のスケジュールを決めるだけで、スケジュールされたCrew（乗員）がチームを編成してフライトをする。さらに乗員たちは、機長の意志決定に従って飛行機内で作業をしていく。

　どのような組織であれ、現場のリーダーは成果や危機管理に大きな影響を与えるが、とりわけサッカー型の組織である航空機の運航においては、機長の意志決定が運航の安全性や質に大きく影響する。そのために機長には、自らの意志決定能力を向上させていく努力が常に求められるといえるだろう。

(1) 機長の判断

　航空機の運航、整備、運航管理については、国の基準に従い、各航空会社が細かく規定している。空港での離着陸に際しては、こうした基準に照らし合わせて判断することが多い。基準があるものに関しては、正しい判断か間違った判断ということで幅はほとんどない。

　しかし、飛行中に起こるさまざまな環境変化やトラブルに際しての対応は、機長独自の判断によるところが多い。たとえば着陸の際、気象条件には問題がないのに、着陸寸前で何か別の理由により安全に着陸できないと判断して、ゴーアラウンドするケースは、まさに基準によらない"機長の判断"である。

　乱気流に遭遇した際に、座席のベルトサインを点灯させるかどうかについての判断も、機長によって異なる場合がある。同じ程度の揺れであっても、ある機長は点灯させるが、別の機長はこの程度な

ら点灯の必要がないと判断することがある。また揺れの強度がこれからさらに強くなるか、次第に収まっていくのか、という予見も機長の判断であろう。

　時間的余裕のある時に、他の乗員の意見をどれだけ考慮して意志決定をするかも機長の判断である。このように飛行中は、基準よりも、むしろ機長の判断によることの方が多いのだ。

　それでは、基準によらない機長の判断の拠り所は何か。機長自身の安全に対する許容範囲（安全マージン）、過去の事例、自分自身の経験、自分の技量への信頼度、知識、運航中の情報量（情報収集力）等、機長によって同じ現象、状況であっても「機長の判断」には幅がある。

　機長が適切な判断をするためには、日頃机上でケーススタディーをしておくのも有効である。副操縦士のときから、自分が機長ならどのような判断をするのか、いろいろな選択肢について考えてみる。同乗した機長にいろいろと質問をして、機長が判断した背景、考え方を引き出して、自分のものにしておくことは、自分が機長になったときに財産となるはずである。

(2) 機長の決断

　第6章で触れたように、決断には基準がない。一番大切なものをとり、それ以外はいったん捨てるか、横に置いておくことである。機長に課せられているテーマには、安全性や定時性、快適性、効率性がある。しかし中でも安全性を最優先することは、どの航空会社であっても当然すぎるほど、当たり前の方針である。

　機材のトラブル、天候の悪化に遭遇した場合、安全を最優先して、その他のテーマを犠牲にしなければならないこともある。このときの決断に迷いが生じると、危機的状況に陥ってしまうことがある。

　機長の決断については、結果論でいろいろと批判されることがある。たとえば地上で緊急脱出をしたケースなどは、事後に「そこまでする必要はなかったのではないか」といった批判が出ることがある。確かに結果的には、必要がなかったかもしれない。しかし離着陸時の事故では、起こった直後は生存していても、その後の火災に巻き込まれて犠牲者が出るケースが多い。操縦席という限られた空間や情報をもとに、最悪の事態を想定して決断する必要があるのだ。

　もし「その必要がなかった」という批判を恐れて脱出をためらい決断が遅れてしまったら、機内に火が充満した場合には大惨事になってしまう。

　危機的な状況に遭遇したとき、機長は後に批判を受けるのも覚悟のうえで、最悪の事態を防ぐための決断をした方が、乗客、乗員の命が助かる確率が高くなるのだ。

　2016年2月、新千歳空港内の誘導路を走行中のJALのB737型機のエンジンから煙が出たために緊急脱出を行ったが、その際に三人が怪我をした重大事故があった。幸いにも、その煙は一時的なものであり、火災には至らなかった。

　だがその後、吹雪の中を脱出させる必要はなかったのではないかという声も挙がったそうだ。筆者が報道番組に出演した際にも、そのような質問があった。

　飛行機で火災または煙が発生した場合は、それが完全に消えたということが確認できない場合は、飛行中であれば安全に着陸できる最寄りの空港に緊急着陸する、地上なら最悪の事態を想定して脱出する。これが乗客、乗員の安全に関して最終責任を有する機長の決断として、当然である。脱出させる必要はなかった、というのはあくまで結果論だ。万一、機長がそうした結果論を気にして、脱出をためらった場合は、最悪の事態を招く可能性もあることを肝に銘じ

るべきだろう。

8.6　安全確保のための操縦席における マネジメント

　現在の飛行機は、コンピューター制御、自動装置の二人乗りのハイテク機がほとんどである。その信頼性も高い。

　よって今のパイロットには、コンピューターや自動システムの使用方法を熟知すること、PF と PM の役割分担と遂行に関する適切なマネジメントが求められている。ハイテク機の機長、副操縦士に求められている操縦に関するマネジメントの主なものには、次のようなものがある。

(1) 役割分担と役割認識及び役割の確実な遂行

　航空機事故の中には、役割が確実に遂行されていたら防ぐことができたであろうという事例や、それぞれの役割が確実に遂行されていたために防ぐことができたという事例がある。

　機長には、自分も含めた操縦席内での役割分担（Task）を明確にし、各々が責任感を持って確実に遂行できるようにマネジメントすることが求められる。

(2) モニター（Monitor）とクロスチェック（Cross Check）

　計器による飛行機の状態のモニター（Man-Machine）及び、お互いの作業をモニター（Man-Man）し、少しでもあるべき状態から外れた状況、また外れそうになったら躊躇なく声に出して言う。

　コンピューターへの入力やエンジンが故障した場合の操作は、確実に相互確認をするマネジメントが絶対に必要である。

　モニターでは「世の中に完全なものは一つもない、完全な人間は

一人もいない」という観点に立つ必要がある。だからこそ、Man-Machineだけでは不十分で、Man-Manも求められるのである。

筆者は、先輩機長から「お互いに信頼しても信用するな」と教えられたことがある。だが「信用するな」という言葉には少し、スッキリしない気持ちが残っていた。信用しないで、どうして信頼できるのか、という疑問を持ち続けていた。

それからだいぶ経って、Man-Manのモニターについての長年のモヤモヤが晴れるきっかけがやってきた。インタビューやシンポジウム等の機会で、日本人宇宙飛行士である若田光一さんと対談した機会に、Man-Manのモニターに関して、若田さんから最も適切な言葉を得ることができたのである。

"Trust but Verify"（信頼する、しかし確認する）という言葉であった。聞いたとき、「これだ！」と思った。互いに信頼し合うが、行動の結果については確認し合う。これが、Man-Manのモニターの神髄である。これなら経験の少ないパイロットでも理解しやすく、実際に早い時期に定着も可能であろう。

(3) 状況認識マネジメント

リソースマネジメント、ノンテクニカル・スキルの一つに、状況認識がある。状況認識はモニターに基づくものであって、近年のヒューマンエラーに起因する航空機事故の80%以上に関与していると推定されることからもいかに重要であるかが分かる。

1995年、アメリカン航空のB757がコロンビアのカリ郊外の空港に向けて降下中、山に激突して159名が死亡した事故があった。

また2015年には、トランスアジア航空のATR-72が台湾の空港を離陸後に左のエンジンが故障したが、正常に作動している右のエンジンに故障時操作を実施したうえに停止させてしまったために、

墜落して 43 名の犠牲者が出た。これらの事故は、いずれも誤った状況認識の結果起こったヒューマンエラーである。

　状況認識マネジメントは、意志決定のもとになるものである。意志決定に従って行動をし、行動が結果を生む。この一連のプロセスからすると、状況認識は操縦席内における安全を確保するマネジメントのプロセスの出発点ともいえる。状況認識に不具合があれば、当然安全マージンが低下し、危険に近づくことになる。

　状況認識の要素には、情報の収集、情報の解釈、将来状況の予測がある。前項のモニターは情報収集にあたる。情報の解釈とは、情報の収集によって知覚した現在の状況がどのような意味を持っているのか、「これでいいのか、あるいはまずいのか」ということである。

　状況認識は、これだけでは不十分であって、解釈した現在状況から、これからどのような状況になるか、何が起こるかを予測することによって、はじめて意志決定へと進むべきである。

(4) 一点集中、ヘッドダウン (Head Down) 防止のマネジメント

　一つの計器だけに偏らず、時には重要度を考慮しながら総合的に注意配分する。特にコンピューターへの入力で二人ともヘッドダウンし、外界のチェックが疎かになってしまったなどということがないようなマネジメントが大切である。

　また視界不良下での滑走路への最終進入時に、二人とも滑走路を視認しようと外ばかり見て、計器のモニターがなされない、いわゆる「ダックアンダー」の危険を防止するマネジメントも必要である。

(5) 自動操縦への過信防止

　ハイテク機には、FMS（Flight Management System）、Autopilot、Auto Throttle、Auto Brake 等の自動システムが搭載され、

乗員の負担を軽くし、かつ効率的で安全な運航ができるよう設計されている。

特に悪天候による低視程や異常・緊急事態が発生したとき、自動システムの有効活用により乗員の操作に余裕ができ、マネジメントに力を注ぐことで適切な判断を求めることができるだろう。

ただし、自動システムへの過信は、思わぬ落とし穴に陥る危険性がある。ベーシック（Basic）なフライトも常に頭に入れた自動操縦によるフライト（Auto Flight）のマネジメントを実施することが大切である。

COLUMN ⑯

ハイテク機の安全性について

飛行機の乗員が機長、副操縦士、航空機関士の三人から、ハイテク機の登場により、機長、副操縦士のパイロット二人だけとなった。その結果安全性も向上してきている。

しかし残念ながら、安全性が向上しているはずのハイテク機においても事故はなくなっていない。その代表的な事故事例が、1994年4月に起きた中華航空機 A 300-600 R による、名古屋空港への墜落事故である。その主な原因はパイロットによる自動操縦装置の誤操作であった。

2009年6月には、エールフランスのエアバス A 330-200 が、着氷による対気速度計の異常と、計器の異常な指示に加え、副操縦士の操縦ミスで大西洋に墜落した。

こうしたハイテク機の事故を受けて、一部には「ハイテク機は危ない」という意見も出たが、それぞれの事故原因とその背景を究明して、ハイテク機時代の安全性を検討する必要がある

だろう。

　筆者は、航空会社の運航安全推進部長時代、社内の安全情報誌の記事で、航空機の運航に関するリスクマネジメントを実施するうえでの前提条件として、次の項目を挙げていた。

①人間はエラーをすることもある

②機械やコンピューターは故障することもある

③故障しなくても使い方を間違うと危険なことになる

④人間は自然には勝てない

　ハイテク機時代の一番大きな課題としては、コンピューターによる自動操縦と人間（パイロット）とのインターフェース（関係）である。使い方を熟知すること、そして機械、コンピューターが故障した場合、手動での操縦で安全に飛行できることである。

　航空界も厳しい競争時代に突入しており、その傾向は今後一層激しくなることが予想される。コスト競争も必然的に激しくなる。こうした環境下で、航空の安全、ハイテク機の安全を確保するためには、乗員の教育・訓練に関しては、必要十分なコストをかけることができれば、コンピューターやシステム等の信頼性の向上と相まって、ハイテク機の事故は減っていくことが期待できるだろう。

(6) 重要度（Priority）の選択

　重要度の選択は、危機管理の基本中の基本であり、運航中の機長の危機管理にとっても最も重要な項目である。

　限られた情報、リソースの中で、今一番大事なことは何か、今すぐにやるべきことは何か、という重要度、緊急度の選択、順位付け

は、操縦席内で求められるマネジメントとして外すことのできない
ものである。特に、緊急事態が発生した場合に、重要度、緊急度の
選択を間違ってしまうと、危機的な状況、最悪の場合は事故に繋が
る恐れがある。

(7) 円滑かつ明確なコミュニケーション

　役割分担、役割の遂行を確実に実施するためには、機長と副操縦
士との間で、明確なコミュニケーションが円滑に行われる必要があ
る。また管制官とパイロットとの確実なコミュニケーションは、飛
行の安全の前提条件となる。

　さらに乱気流の際の乗客への対応においては、機長と客室乗務員
のコミュニケーションが、怪我の防止についてなど重要な意味を
持ってくる。コミュニケーションそのものの内容については、次の
項で詳しく見ていきたい。

8.7　コミュニケーション力

(1) パイロットと管制官とのコミュニケーション

　航空機は日進月歩の技術に支えられている。その中にあってパイ
ロットと管制官とのコミュニケーションは、その一部が洋上管制な
どで実施するデータリンクを用いたものにとって代わっただけで、
昔とほとんど変わらない。今も人間が電波を介して会話する方式で
あることに変わりはない。航空システムの中でも、最も遅れている
ともいえる。だが一方で、交通量は飛躍的に増え、必要なコミュニ
ケーションは格段に増加している。

　そうした中、管制レーダーなどのシステムの進歩や、TCAS の登
場で、コミュニケーションのエラーが、たとえば航空機同士の衝突
といった重大な事故に繋がる危険性は少なくなってはいる。

　そのうえで、さらに安全性を高めるためにはヒューマンエラーを起こさないようパイロットと管制官のコミュニケーションを明確に行う必要がある。そして、管制指示に対して、機長、副操縦士の二人が共通に理解していることを確認してから、高度の変更等の行動に移ることを徹底することが求められる。

　航空管制のコミュニケーションは、自国機に対しては母国語を使用する一部の国を除いて、英語を使用する。日本の空域においても、たとえ日本人同士であっても原則として英語である。

　英語といっても、母国語である国と、そうでない国とでは、発音も言い回しもかなり異なる。また母国語であるアメリカ国内であっても、西海岸と東海岸ではかなりの違いがある。

　母国語でない日本人パイロットにとって、管制に関して一番の"修羅場"はシカゴのオヘア空港とロサンゼルス空港である。特に滑走路が7本あり、大小さまざまな飛行機がウンカのごとく飛び交っているシカゴのオヘア空港周辺は、管制官との交信に入り込むタイミングがなかなか取れないことがある。

　あるとき、管制官の指示が早口で正確に聴き取れず"Say Again"と返したところ、次に交信できるまで、オヘア空港上空を通り越して、ミシガン湖の遥か沖合50 kmまで放っておかれたこともあった。

　世界各国の管制官の英語を確実に聴きとるために、筆者はフライトごとに管制官とのコミュニケーションを録音して、ホテルや自宅で聴き直した。フライトに出る時は、その空港や周辺の管制を自宅で聴いて耳を慣らすとともに、イメージフライトをしてから家を出るようにしてきた。これは、退職するまで続けた。

　そのおかげで海外では65もの空港を経験したが、どの空港でも管制官の言うことを聴きとれないということは、ほとんどなかった。

しかし前述のように、ただでさえ航空交通量が混雑しているオヘア空港とロサンゼルス空港の管制官が、早口でしかも管制用語を使用せず、日常会話でベラベラと言ってきたときは、正確に理解できず"Say Again"と言わざるを得ないことが何度かあった。

　人間には「自分が聴きたいように聴く」という心理が働くことがある。これを"Wishful Hearing"という。パイロットも例外ではない。特に離陸待機中に、他の航空機への離陸許可を自機への許可と聴き間違えたり、離陸許可とは異なる指示や情報を離陸許可と解釈してしまうことがある。こうしたエラーは離陸の許可を待っているという心理が「自分が聴きたいように聴いてしまう」エラーを起こしているといえる。これを防止するには、やはり確認会話が重要である。

(2) 安全かつフライトの質を高める機長のコミュニケーション

　機長にとってのコミュニケーションは、管制官とのものだけではない。副操縦士や客室乗務員とはもちろんのこと、運航管理者、整備士、旅客や手荷物、貨物の搭載担当などと行う日常のコミュニケーションもある。スケジュール作成や訓練、健康管理についてなどがあるが、いずれもフライトの質に影響を与えるものだ。

　機長は、航空に携わるすべての人々の努力により成り立ったフライトを運航する最終責任者である。

　多くの人の労力によって実現したフライトを安全かつ良好に達成するためには、機長の気配りをもったコミュニケーションが一つの鍵となる。

　2013年11月から2014年5月まで、ISS（International Space Station：国際宇宙ステーション）に長期滞在し、日本人としてはじめて、ISSの船長を務めることになった若田光一さんにインタ

ビューをする機会を得た。出発以前の 2013 年 2 月 27 日のことである。

　このインタビューの中では、機長や国際宇宙ステーションの船長のコミュニケーションの大切さについて語り合った。その内容の要約を抜粋して以下に紹介する。この中からぜひ機長としてのコミュニケーションのあり方をくみ取っていただきたい。

小林：今回の宇宙ステーションでの長期滞在では、日本人としてはじめて船長を務められることになりました。キャプテン、船長はリソースマネジメント、危機管理が求められると思います。これは飛行機の機長も ISS の船長も同じかと思います。

若田さん：まさに小林キャプテンのご指摘のように、リソースマネジメントという観点では、航空機と ISS の運用に要求される能力は、共通していると思います。航空機のコクピットでも同様ですが、宇宙への往還時のソユーズでは三人、ISS での長期滞在時は三人ないし六人という閉鎖環境における限られた人数による運用になります。

　それから、地上管制局が、日本のつくば、アメリカのヒューストン、ハンツビル、ロシアのモスクワ、ドイツのミュンヘンにあり、各国の管制チームとの連携を通して、成果をきちんと出していかなければならない。それはエアラインにおける安全かつ確実な運航のためには、コクピットとキャビン・クルー、そして運航管理や整備部門を含む、地上チームの全体の力を結集する事が鍵となる事と同様だと思います。

　ISS でも運用の安全、ミッションの成功、その目標を達成するために適材適所で、チームの構成員に最大限の能力を発揮してもらうために、ISS のコマンダーとして、今まで学んできたことを

確実に実行して行きたいと思っています。

　「文化」というと非常にさまざまなものがあります。国や言語、宗教、習慣の違いによるものだけではなく、たとえばパイロットや科学者、技術者、医師、教員などの宇宙飛行士のバックグランドの違いによる「文化」の違いもあります。しかし、人間は一皮むけばみんな同じだと思います。心を開いて異なる「文化」を受け入れるだけでなく、その「異文化」をチーム全体としての能力を高められるよう活用する事が、チームリーダーには求められていると思います。

　ISS全体のシステムを安全、確実、そして効率的に運用していくかは、クルー間だけでなく、世界各国の地上の運用管制局のチームのみなさんとの円滑なコミュニケーションがすごく大事になってきます。

小林：私も機長としてリーダーシップを発揮するためには、いかにコミュニケーションが大切かを痛感していました。パイロットの教育の中でも、コミュニケーションの大切さ、特に確認会話の重要性を強調しました。若田さんもいろんな国の方とのコミュニケーションで、ご苦労されるかと思います。

若田さん：訓練などの機会も活用し、チームを構成するメンバーの一人ひとりをよく理解する事と共に、自分がどんな人間かも相手に分かってもらえるよう、普段から心掛ける事が大切だと思います。操縦士の皆さんと同じように、宇宙の分野でも高い志を持って仕事に取り組んでいる方が多いので、ISSでのミッションを通じて、一人ひとりが何を実現したいのか、組織としての目標や個人としての目標を、どこに置いているかといったことをきちんとくみ取ってあげたうえで、一緒に仕事をしていく。チームの一人ひとりが望んでいる事、目標の実現に向けて、リーダーとして、

準備の段階でも、軌道上にいるときにも、常にチームの構成員を支援する事を心掛ける事で、生まれてくる信頼関係は強固なものになると思います。軌道上の滞在は半年間という長丁場になる事もあり、チームの仲間が ISS ミッションで何を望んでいるかを準備の段階でできるだけ理解できるよう心掛けています。そのためにもクルーだけでなく、運用管制チームや ISS プログラム管理部門もチームも含めて、率直な意見交換ができる、良好なコミュニケーションの環境を、宇宙飛行の準備の段階から構築していくことが、ミッションの成功の鍵だと思います。

　若田さんとのインタビューで感じたことは、若田さんが宇宙飛行士として優れているだけでなく、宇宙開発を支えているすべての人々とのコミュニケーション力や、その素晴らしい人間性を NASA が認めたからこそ、日本人としてはじめての国際宇宙ステーションの船長に任命したのではないかということである。

　そして筆者にとっては、飛行機のキャプテンも単に技量だけでなく、フライトを支えてくれている多くの航空関係者との積極的なコミュニケーションが安全で質の高い運航を実現するために必要であることを再認識したインタビューであった。

8.8　機長のアナウンス力

（1）乗客にとって安心できる機長とは

　乗客に対し、「信頼できるか、ちょっと心配だと感じるかをどこで判断するか」という質問をすると、「着陸のときと、地上走行中のブレーキや曲がるとき、それから操縦席からのアナウンス」と答える人がほとんどである。

　一方、運航する機長の方も、地上走行中のブレーキやステアリン

グの使い方が、乗客の安心や不安を左右することは、よく理解しているだろう。しかし、自ら発するアナウンスが乗客の心理に大きく影響を与えていることについては、あまり自分では気づいていないのではないだろうか。

(2) 筆者の機内アナウンスの師匠はジェットストリームの城達也さん

筆者が乗員の教育部門を担当していた頃、担当者を集めて、ラジオパーソナリティの永六輔さんに機内アナウンスについてアドバイスをしてもらったことがある。

ここで永六輔さんは「機長はお客からは顔が見えないからラジオのアナウンサーのつもりで、客室乗務員はお客から顔が見えるからテレビのアナウンサーのつもりでアナウンスするといいでしょう」と言っておられた。

そこで筆者自身は、NHKラジオのニュースを録音し、できるだけアナウンサーに近づけられるよう何度も勉強した。しかし実際に機内で行った自分のアナウンスを録音し、自宅に持ち帰って聴いてみると、どうも一本調子なうえに文章を単に朗読しているようで味気なく、なかなか満足がいかない日々が続いた。

それからしばらくして、FM東京（現TOKYO FM）で放送していた城達也さんの「ジェットストリーム」を聴くようになり、その語りかけるようなナレーションや「間」のとり方に思わず聴き入った。「そうだ機長のアナウンスもこれだ！」とひらめいた。「間のとり方次第で、アナウンスが活きることも、つまらないものになってしまうこともあるのだ」とようやく気づいた。

それからは、「ジェットストリーム」を、テープに録音し、城さんの「間」のとり方、語りかけるような話し方を徹底的に練習して、

機内アナウンスをするようにした。

　そのためか、筆者が機内アナウンスを終えた後に、客室乗務員から「キャプテン、お客様から、今日の機長さんのアナウンスはジェットストリームみたいだね、と言われました」ということがよくあった。

(3) 機長のアナウンスについて

　ここで機長のアナウンスの影響や留意点についてまとめておく。

①アナウンスの影響

　機長のアナウンスは、実際の安全確保や安心感（不安の解消）、信頼感の醸成など機長自身が想像する以上に影響力がある。

　さらに「もう一度乗りたい航空会社」、「もう二度と乗りたくない航空会社」といったことにも影響を与える。

②アナウンスの主な役割

・会社を代表して、搭乗旅客への挨拶と感謝の意を表す

・乗客・乗員の安全確保をする

・乗客の不安・心配を解消して安心感を与える

・信頼感を与える

③アナウンスの実施に際しての留意点

・アナウンスを始める前に、副操縦士にアナウンスをしている間の意図（Intention）をしっかりと伝え、"You Have" "I Have"の受け渡しを明確にしてから実施する[1]

・短い国内線と長距離国際線、ビジネス路線と観光路線の違い、早

---

1) 操縦の受け渡しを明確にするための言葉で、You Have は相手に操縦を渡します、I have は私がこれから操縦を受け待ちますという意志表示を示す。

朝、昼、深夜などの時間帯も考慮して、タイミング、アナウンスの長さ、内容を考えて行うこと

・機長のアナウンスは搭乗旅客の心理に大きな影響を与えるということに留意して、乗客の心理状況を考えて、内容と話し方を工夫すること

・紋切型の内容を棒読みするのではなく、その時々、状況に合わせた内容を考えて、安心感、信頼感を与える工夫をする

・機長のアナウンスは機長の「心」をお客様に伝える気持ちで実施すること

・乗客にとって不安・心配な状況が発生した場合は（タービュランス、遅延、ホールディング、ゴーアラウンドなど）"Fly First"を考慮しつつ、積極的にアナウンスを行って乗客の不安・心配を解消するように努める

・正確な情報提供に努める

・落ち着いて、ゆっくりと「間」をとりながら、腹の底から発声すること

・乗客に話しかけるような口調でアナウンスすること

・英語のアナウンスは、日本語を直訳したものでなく、英語らしい表現でアナウンスできるように、勉強しておくこと

・ハンドマイクは口と直角に持ち、できるだけ口に近づけて話す

・アナウンスも操縦と同様に、机上での十分な準備と練習が必要

・アナウンスを実施後、客室乗務員に、感想、コメントを聞いて改善に役立てることもアナウンスの向上の手段となる

(4) エンターテイメントシステムを備えた飛行機におけるアナウンス

最近の飛行機は音楽、映画などのエンターテイメントを備えた機

種が多くなってきている。そのために、音楽や映画を楽しんでいる途中に、機長のアナウンスで中断されてしまったというクレームがよくある。逆に、エンターテイメントの邪魔をしないようにアナウンスを控えたところ、「機長からのアナウンスがなかった」というクレームがくることもある。乗客のニーズも千差万別で、すべての乗客に満足して貰うことが難しい時代になった。

　そこで航路上の状態、航空管制の込み具合、乗客の食事の時間、乗客の様子などを、客室乗務員と連絡を取りながら、アナウンスのタイミングを総合的に判断することになる。

　国際線の場合は、乗客が食事をしているタイミングは、比較的エンターテイメントを邪魔されたという感覚は少なくなるはずである。乱気流等の安全に関わるアナウンスは、エンターテイメントへの配慮より優先されるのは安全を預かる機長として当然であろう。早朝・深夜の時間帯は眠っている乗客も多く、安全に関わるアナウンス以外は控えておく、という配慮も必要である。

　いずれにせよ、航空機の乗務員は、運航乗務員であれ、客室乗務員であれ、サービスと安全（保安）の間で、適宜判断することが求められる。

8.9　人間力

(1)「人間力」とは

　人間力に関する確立された定義は必ずしもないが、内閣府に置かれた人間力戦略研究会が、2003年4月にまとめた報告書の中で、人間力を構成する要素として次の三つを挙げている。これらの要素は、航空人、機長にもそのまま当てはまる。

①知的能力的要素

②社会・対人関係力的要素

③自己制御的要素

　そして、人間力を高めるためには、これらの要素を総合的にバランス良く高めていくことが大切であるとしている。

(2)「人間力」と「バランス」

　一流の人、みんなから尊敬される人の共通点に「バランスがとれている」ことが挙げられる。パイロット、特に機長にはバランス感覚が求められる。

　この点については、昔のパイロットに比べて、今のパイロットの中にバランスの取れている人間が多くなってきているのは、CRMが導入され、それが定着しつつあることの効果ではないかと思われる。

(3) 理性と感性のバランス

　将来パイロットを志望している学生や生徒から「パイロットになるためには理系でないとダメですか」という質問を受けることがよくある。その質問に対しては「パイロットは理系とか文系とかは関係ありません」と答えている。「実際、私の同期は18名いましたが、理系の大学出身と文系の大学出身が半々でした」とも答えている。

　先端技術の塊である飛行機を操縦、運航していくためには理系の頭が必要と思われがちだ。これらの理解も必要だが、乗員やスタッフへの気配り、思いやり、さまざまな配慮も機長には大切な資質である。機長業務を遂行するうえでは、理性と感性のバランスがとても大切であるといえよう。

(4) どのように「人間力」を磨いていくか

機長という職種は、資格維持職でもある。①航空身体検査基準に適合し続けること、②定期的に必要な訓練を受け、定期の審査に合格し続けること、③事故を起こさないこと。この三つの条件を満たせば定年まで機長として乗務を続けることは可能である。

しかし、多くの人から慕われ、「このキャプテンならついていける」という信頼を得るためには、やはり「人間力」が磨かれなければならない。

では、その人間力を"磨く"には何をすればよいか。といっても何か特別な努力をする必要はない。ごくの当たり前のことを続けていけば十分である。まず、当然のこととして、操縦技量を含めて、運航全般に関する知識や技量の維持、向上を図ること。資格維持のためのCRM（最近ではThreat & Error Managementという用語を使用している航空会社もある）というノンテクニカル・スキルの教育や訓練も定期的に実施されている。これを真剣に取り組むことにより、自然と人間力も向上していくことだろう。

日常生活においても、相手の立場に立ってものを考える習慣をつける。たとえば食生活において、「こうした方が良い、こんなことをしてはダメだ」と思ったことを、しっかりと実行する習慣を作っていく。これだけでも人間力が相当磨かれていくはずである。

さらに挙げてみると、休日は、航空界以外の人との交流にも参加する。良書を読んだり、講演やセミナーなどに参加してみることなどがある。

人は何歳になっても成長できるのだという意識を持ち、人間力を磨く意欲を持ち続けることである。

（5）機長のオペレーション（運航）には人間力が現れる

　エアラインの機長は航空会社や関連会社の人たち、空港で働く人たち、管制官や航空無線施設を点検整備する人たちなどすべての人たちによって作り上げたフライトという作品を最終的に預かって運航する責任者である。操縦は最も大切な一つではあるが、それは機長業務の一部であって全部ではない。整備士や運航管理者をはじめ地上スタッフとの協力、調整、機内では副操縦士や客室乗務員の指揮・コーディネーション、乗客への配慮、管制官とのコミュニケーション、さまざまな状況に対応して、安全を最優先として総合的かつ迅速な判断、決断を求められる業務である。フライトというオペレーションには必ず機長の人間性が影響する。乗客からも地上スタッフからも信頼されるフライトのためには、機長はただ操縦技術をはじめとした専門分野の能力の維持向上だけでなく、人間力を磨き続けていくことが大切である。

（6）人間力向上の大切な要素として EQ を磨いていく

　人間力は知的能力・技術能力、社会・対人関係能力、自己制御能力などの総合力である。

　パイロットの資格維持条件となっている CRM（最近ではノンテクニカルスキルと呼ぶことが多くなった）は人間力を構成する大切な要素である。ノンテクニカル・スキルは EQ そのものである。

　EQ は第 3 章のリスクマネジメントでも少し触れてあるが、IQ（Intelligence Quotient：知能指数）に対して、人生を豊かにする社会的な知性や知恵でもある。

　企業経営者と話をしていると、ほとんどの経営者が口を揃えて出てくる言葉は「入社するまでは IQ がかなりの割合で影響しているが、入社してからはその人が伸びるか延びないかは、70％ 以上は

EQ が影響する」である。これはパイロット、機長にも言えること
でる。

8.10　明るく元気であること

リーダーの条件の一つに「明るく元気であること」が挙げられる。
これも、当然と言えば当然である。一般に人も動物も明るい方に向
かっていく。

機長が明るく元気であってこそ、他の Crew も元気よく溌剌と仕
事ができるものだ。

機長としてフライトに臨む際には、たとえ心配事や悩みを抱えて
いたとしても、意識して明るく元気に振る舞って、Crew みんなが
明るく元気に仕事ができる雰囲気を作り、それを維持する責任があ
る。これは CRM でいう「効果的なチーム形成と維持」(Team
Building & Maintenance) になる。

特にフライト前の運航乗務員と客室乗務員とのブリーフィングに
おいて、機長の雰囲気は、客室乗務員を通じて、そのまま乗客にも
影響を与えることがある。

空港のロビーやホテルなどで制服を着用している場合は、それは
役者が舞台に立っているのと同じである。制服・帽子をキチンと着
用し、元気な姿勢で歩いて、利用者の皆様に安心感を与えるのも、
プロの乗員としての心得ではないだろうか。

最近は空港のロビーなどで制帽を着用していないパイロットを多
く見かけるようになった。航空会社も「制帽着用に関しては本人の
判断とする」とした会社が多くなったようである。これも時代の流
れであろうか。

COLUMN **⓱**

国際政治情勢の影響を受ける国際線のフライト

　1972年9月29日、田中角栄首相と周恩来首相とが日中共同声明に署名して、国交を回復した。それと同時に、中華民国（台湾）と国交を断絶することとなった。翌日の9月30日、当時 DC 8 の副操縦士であった筆者は、前日は羽田―香港を乗務して、香港から羽田空港に戻るフライト乗務した。台湾の空域は飛行することができず、フィリピンの空域に大きく迂回して飛行せざるを得ない状況となった。

　1975年4月30日に、ベトナムのサイゴン（現ホーチミン）が北ベトナム軍によって陥落した翌日から、バンコクと羽田間のフライトは、ベトナムの空域は飛行できなくなり、シンガポールの空域まで大きく迂回することになった。国際線のフライトは、このように国際情勢を直接受けることになる。

第9章　コロナ後の航空界の課題と展望

9.1　新型コロナの航空界に与えた影響

　新型コロナの影響は航空界に大きな影響をもたらした。コロナウイルスの感染予防対策として世界各国で人の流れ、集まりが極端の制限、自粛された。国によってはロックダウン（都市封鎖）も実施された。その結果として重要な公共交通機関である航空輸送、とりわけ旅客便の需要が著しく低下した。特に国をまたいでの国際便はその影響を顕著に受けた。

　貨物便については、ワクチンや医療器機や半導体などの電子部品などの必要品の需要の高まり、海運業界の単価の高騰を受けて、国際線の貨物便は好調であった。貨物機を保有していない航空会社も旅客機で貨物輸送に力をいれて、収入減を懸命に補っている。

9.2　新型コロナと航空界の雇用の影響

　新型コロナで航空需要が低迷し便数が激減した結果、日本の航空界も厳しい状況に遭遇し、かつてない大幅な赤字になった。それは、当然雇用にも影響する。コスト削減で大手に対抗してきた格安航空会社は、新規採用を当分見送らざるをえない結果となった。大手2社もパイロットなど一部職種を除いて新規採用を見送った。それだけでなく、客室乗務員をはじめ一般社員を、好調な企業に協力をもとめて出向させることで、現役社員の雇用を維持している。大手2社のパイロットは、貨物需要があるので乗務員時間の減少はあるものの、出向などで雇用を維持するということはなくてすんでいる。

9.3　航空界の今後の課題

　2021年9月末日の時点においては、コロナの感染者数が全国的に減少傾向にあり、各地に出されていた非常事態宣言が解除された。このことはワクチン接種の効果とみてよいであろう。接種率の高まりにつれて、感染者数が減少していること、特に先行してワクチン接種を2回受けた65歳以上の高齢者の感染者数が大幅に減少していることからも頷ける。但し、デルタ株などの変異した感染力の強いウイルスが収束したわけではなく、今後ともマスクや手洗いなどの基本的な感染予防を怠ってはならない。

　自国でワクチンが生産でき、接種が進んでいるアメリカでは、経済活動の回復とともに航空需要も回復基調になり、大手航空会社では収支も黒字傾向が報道されており、パイロットの採用も積極的に開始され始めた。

　こうしたエビデンス（効果を証明する実際の出来事）からすると、いかにより多くの国民がワクチン接種を終えてウイルスへの抗体ができるかにかかっていると考えられる。

　我が国も今後、若い世代にもワクチン接種が進むにつれ感染者数が減少するとともに、人の移動、航空需要も回復することが期待できる。国内線に関しては、国内での感染者数が減少とともにかなり早い時機に回復基調になるのではないか。ただ、国際線については、開発途上国などでは感染者数が減少に転じるには、かなり遅れる見込みで、国際線が本格的に回復基調となるのは2023年かそれ以降になる可能性がある。

　航空界にとっての課題は、何といってもコロナの感染者数が収束に向かうことである。

　そして、今回の新型コロナは、いままで確認されたコロナウイル

スとしては、6 番目である。2002 の SARS も 2012 年の MERS も
コロナウイルスである。幸い両者とも世界的にパンデミックとなら
ず日本国内にはほとんど影響がなかった。

　しかし、コロナウイルスは今後、遺伝子を変えて発生し、国境を
越えて感染する可能性がある。新型コロナへの対応を教訓にして、
世界各国、航空会社が情報の共有、協力して "Too Little Too Late"
とならないようにすることにより、今回のように航空需要の極端な
低迷を招くことを防がなければならない。

9.4　航空界の今後の展望

　航空界はコロナで非常に厳しい状況におかれている。しかし、こ
れがいつまでも続くことはない。ワクチン接種の普及などとともに
必ず感染者数が減少し、コロナ禍が収束に向かうはずである。航空
輸送は現代社会にとってなくてはならない重要なインフラである。
数値的な予想には幅があるが、コロナ禍が収束に向かうにつれ国内
線は 2022 年後半から 2023 年頃には、国際線は 2023 年から 2024
年頃にかけて回復基調になるものと期待できる。それに伴い、当然
の結果として雇用にも明るい兆しが見えてくる。

　旅客便の内容については、コロナ以前とコロナ後とは少し異なる
ことが予想される。コロナ禍に中では、密を避けるために職種に
よっては在宅勤務が増え、オンラインでのテレワークが増えた。対
面と比較してデメリットもあるが、メリットも多くあり、いわゆる
「ニューノーマル」といわれるコロナ後の新しい働き方が、業種、
職種によっては定着することが予想される。ビジネス出張はかなり
の割合でオンライン会議になり、航空便のビジネス客は以前に比較
し減少する可能性がある。いっぽう観光客はコロナで自粛から解放
され、増加することが予想され、それを見越した経営方針を打ち出

している航空会社もある。

　総合的には、新型コロナが収束に向かうにつれて航空需要は回復し、当然新規雇用も復活するものと考えられる。

　将来航空界への就職を希望している学生は、2021年現在は厳しい状況にあるが、そう遠くない将来に、航空界への夢を叶えるチャンスは巡って来るはずである。

9.5　コロナ禍の前に問題となっていた　　パイロット不足はどうなるか

　新型コロナの感染拡大以前には、世界的にパイロット不足問題が話題となっていた。2030年には世界平均で当時の2倍、アジア・太平洋地域では4.5倍のパイロット数が必要とされていた。日本でもLCCがパイロット不足で欠航する便が増え、社会問題にもなった。国もパイロット不足に危機感を懐き、国土交通省の交通政策審議会の航空分科会に乗員政策等検討合同小委員会を立ち上げ、パイロット不足に対する国の政策を検討し、短期、中長期の対策を策定した。筆者もその委員のひとりとして検討に加わった。

　しかし、コロナによって航空需要が落ち込み、海外の航空会社ではパイロットの解雇やレイオフをするところも出てきて、一時的にパイロットが余ってきた。日本国内の航空会社では解雇はないものの、大手2社など一部の航空会社を除いて新規採用は中止の状況となっており、エアラインパイロットを目指す学生たちには非常に厳しい状況になっている。

　しかし、この状況はあくまで一時的とみてよい。その理由は、国内線では2022年後半頃から、国際線では2023〜24年前後にはコロナの収束とともに、航空需要の回復が予想され、パイロットの積極的な採用が復活するはずである。特に日本では、パイロットの

2030年問題がある。それは、日本の現役のエアラインパイロットの年齢構成をみると、2030年前後には大量のパイロットが退役を迎える。このままだと、またパイロット不足が大きな社会問題になる。体力のある航空会社は、2030年問題を見越して、厳しい経営環境にあるのにも拘わらず、パイロットの新規採用を中断することなく続けている。

　従って、エアラインパイロットを目指す学生、若者は決して希望を失う必要はなく、夢に向かって一歩一歩前に進んで頂きたい。

　将来航空界に就職を希望する学生とパイロットコースの学生に講義をした後の感想文の一部をCOLUMNで紹介する。学生たちの前向きな姿勢を参考にして頂きたい。

COLUMN ⑱

講演での学生とのエピソード

　積極的に講演に参加する学生をはじめ若者は、それぞれに、気づきがあり、何かを掴んで目標に向かって、行動に活かそうとしていることがアンケートから読み取れる。航空人にとっても参考になると思われるので、その中からいくつかを原文のまま紹介したい。

＜A子さん＞
「本日は安全、危機管理について話してくれました。航空のことに関してだけでなく、これからの就職活動にも通じることを教えてくれて、大変参考になりました。優先順位をつけてやっていくこと。時間については、同じ1日でも、家で何もしないことと、何かに集中して打ち込むのとでは、将来につながってくるものが違うので、1日も無駄にしないように、夢に向

かってできることをやってゆきたいと思います。」

＜B子さん＞

「今日はとても有名な小林さんの講話でしたので、何について話してくれるのかなと、前日からワクワクしていました。今までのフライトの話かと思ったら、コミュニケーションの基礎や、今後の人生に役立つことを教わりました。目標をしっかり決めることと言われたときは、焦りました。自分は夢を持っているが、明確に決まっていないので、就活を控えていますので意識したいです。社会にでれば誰もが"プロ"このコトバは胸に響きました。」

＜C子さん＞

「小林さんが"どれほどすごい方なのか"分かりました。仕事に対する考え方、日々の生活がどれほど大切であるか改めて考えさせられました。なりたい自分になるためにイメージして、そのための今の自分に何ができるか、未来を見据えて、「今」を一生懸命に行動することが大事だと分かりました。小林さんの話を前向きな気持ちで自分自身と戦わなければならないと考えが変わりました。」

＜D君＞

「社会に出ていく上でこれから必要なのは、EQ（心の豊かさ）ということを聞き、自分は果たして Self-Management などを、きちっとできるのかと問う必要があると思いました。

　夢を叶えるには明確に目的をイメージすることが大切でだと学びました。「能力×やる気×姿勢」が夢を実現するために必要なもの。自分でコントロールすることが必要だと思います。」

＜E君＞

「コミュニケーションが大事だとはよく聞きますが、何がどのように大事なのかが分かりませんでした。しかしこの五つの「C」、特にConfirm、確認は本当に大事なことだと改めて学ぶことができました。これができなければ信頼を失うと思いました。社会に出ても大切にしていきます。また、私はよく人と比べて自分はできていないなと感じることが多々あります。しかし、そこで自分は向いていないのか？などマイナスに思ってしまう傾向でした。ですが、お話を聞き、「量を質に変えていく」自分はもっと頑張らなければならない、人より努力をしなければならないと、しっかり心の中で受けとめることができました。必ず夢を叶えたいと思います。」

＜F君＞

「本日はとても役に立つお話を聞くことができました。「他人と自分を比べない」「目標には期限をつける」「勉強と遊び、外面と内面のバランス」これらのことは当たり前のことのように感じますが、なかなか実行するのが難しいことだと思いました。目標に向かってコントロールするためには、まず具体的になりたい自分をイメージすることが大切だと思いました。」

COLUMN ⓳

パイロットコースの学生とのエピソード

（コロナ禍中で、密を避けての対面とオンラインのHIBRIDで実施）

＜パイロットを目指す学生A君＞

　小林先生の「夢をつかむ、あきらめない」のお話で、何に対

しても明確な目的意識を持つことが大切だと思った。必要な時にいかに集中力を発揮できるか。自分をコントロールする自己管理能力が航空機の安全運航であると思った。この話をもとに勉強や訓練に取り組もうと思った。

＜パイロットを目指す学生Ｂ君＞

　小林先生の講義を受講して学んだことは、パイロットと人として成長するためには

　①自分との約束はしっかり守る

　②逆算のタイムマネジメント

　③重要度の選択

　④明確な目的意識と持続する行動力

　⑤量を質に変えてレベルアップ

　⑥常に学ぶ姿勢

　⑦行動は理由ではなく目的で

＜パイロットを目指す学生Ｃ君＞

　パイロットは特別な能力、才能があるということではなく、コツコツずっと続けていくことができるかどうか、そこが問われると思います。当たり前のことはできるが、とても簡単そうで続けていくことは意外と難しいと思います。どれだけ自分をコントロールできるか、自分のモチベーションや集中力、時間や予定をコントロールする能力を養っていきたいと思います。

＜パイロットを目指す学生Ｄ君＞

　今回の講義で一番印象に残った言葉は「行動は理由ではなく目的で行動するのだ」でした。いつも自分は理由で動いていた。だが、目的で行動するということを聞いてとても納得した。自分との約束を守った人は伸びていくとおっしゃったので、こら

から自分との約束を守って生活していきたい。

＜パイロットを目指す学生E君＞

　本日、小林先生の「夢をつかむ、あきらめない」で特に感じたことは「目標に対して今、何をすべきか」というPriorityの選択の大切さです。この講義をきっかけに今後、目標から逆算して目標、目的意識を持って行動していこうと思います。

索　引

「交通ブックス」の刊行にあたって

　私たちの生活の中で交通は、大昔から人や物の移動手段として、重要な地位を占めてきました。交通の発達の歴史が即人類の発達の歴史であるともいえます。交通の発達によって人々の交流が深まり、産業が飛躍的に発展し、文化が地球規模で花開くようになっています。

　交通は長い歴史を持っていますが、特にこの二百年の間に著しく発達し、新しい交通手段も次々に登場しています。今や私たちの生活にとって、電気や水道が不可欠であるのと同様に、鉄道やバス、船舶、航空機といった交通機関は、必要欠くべからざるものになっています。

　公益財団法人交通研究協会では、このように私たちの生活と深い関わりを持つ交通について少しでも理解を深めていただくために、陸海空のあらゆる分野からテーマを選び、「交通ブックス」として、さしあたり全100巻のシリーズを、(株)成山堂書店を発売元として刊行することにしました。

　このシリーズは、高校生や大学生や一般の人に、歴史、文学、技術などの領域を問わず、さまざまな交通に関する知識や情報をわかりやすく提供することを目指しています。このため、専門家だけでなく、広くアマチュアの方までを含めて、それぞれのテーマについて最も適任と思われる方々に執筆をお願いしました。テーマによっては少し専門的な内容のものもありますが、出来るだけかみくだいた表現をとり、豊富に写真や図を入れましたので、予備知識のない人にも興味を持っていただけるものと思います。

　本シリーズによって、ひとりでも多くの人が交通のことについて理解を深めてくだされば幸いです。

公益財団法人交通研究協会

理事長　住田親治

著者略歴

小林宏之（こばやし　ひろゆき）

1946年、愛知県新城市生まれ。1968年、日本航空株式会社に入社。以来42年間、一度も病欠などでスケジュールの変更なく飛び続ける。乗務した路線は、日本航空が運航した全ての国際路線と主な国内線。総飛行時間18500時間。社内略歴として、飛行技術室長、運航乗員訓練部副部長、運航安全推進室長、運航本部副本部長、広報担当役員付広報部長を歴任。その他、首相特別便機長、湾岸危機時の邦人救出機長など。2008年には、「高度一万メートルからみた地球環境」というテーマで、新聞、テレビ、ラジオ、雑誌などのメディアに出演。2010年3月退社時のラストフライトはマスコミの話題となり、新聞・テレビなどで特集が組まれる。日航退社後は、危機管理・リスクマネジメントの講師として活躍する傍ら、航空評論家としても活躍中。公益社団法人日本航空機操縦士協会副会長（2010～2014年）、国土交通省交通政策審議会の航空部会の各委員会委員（現在に至る）を務める。医療機関、原子力関係の各機関、様々な企業・団体での講演の依頼が殺到。最近では、テレビ・ラジオなどの出演も多数。

著書に『機長の集中術』『機長の健康管理』（CCCメディアハウス）、『JAL最後のサムライ機長』（ポプラ社）、『グレートフライト　JALで飛んだ42年』（講談社）がある。

公式HP：http://kobayashihiroyuki.com/

交通ブックス 311

こうくうあんぜん
航空安全とパイロットの危機管理
（改訂増補版）

き き かんり

定価はカバーに表示してあります。

2016年12月8日	初版発行
2021年11月28日	改訂増補初版発行

著　者　小林宏之

発行者　公益財団法人交通研究協会
　　　　理事長　住田親治

印　刷　三和印刷株式会社

製　本　東京美術紙工協業組合

発売元　株式会社　成山堂書店

〒160-0012　東京都新宿区南元町4番51　成山堂ビル

TEL：03(3357)5861　　　FAX：03(3357)5867

URL　http://www.seizando.co.jp

落丁・乱丁本はお取り換えいたしますので、小社営業チーム宛にお送り下さい。

ISBN978-4-425-77802-7

成山堂書店の航空書籍

わかりやすい！交通ブックスシリーズ

交通ブックス303 **航空管制のはなし**（7訂版）
中野秀夫　著
四六判・202頁・定価1600円

交通ブックス307 **空港のはなし**（2訂版）
岩見宣治・渡邉正己　著
四六判・264頁・定価1600円

交通ブックス309 **航空の時代を拓いた男たち**
鈴木五郎　著
四六判・256頁・定価1800円

交通ブックス310 **飛行機ダイヤのしくみ**（改訂版）
杉江　弘　著
四六判・180頁・定価1800円

交通ブックス312 **航空無線と安全運航**
杉江　弘　著
四六判・164頁・定価1800円

※定価はすべて税別です。